KB095618

하버드 논리학 수업

하버드 논리학 수업

논리적 사고와 추리논증의 기초

윌러드 밴 오먼 콰인

유엑스 리뷰

1980년 판 서문

출판사가 보내준 논리학 교과서 샘플 55권이 내 사무실에 쌓여 있다. 55권 모두 영어로 출간된 입문자용 책이다. 이들 중 대다수가 양화(量化, quantification)* 이론이나 1차 술어 해석(First-order Predicate Calculus)**을 어떤 식으로든 다루었

---

* 量化, quantification, 양한정(量限定)이라고도 한다. 양화는 논리식에서 이야기하는 개체의 '양'을 한정하는 것을 가리킨다. 그리고 이렇게 양을 한정해주는 요소를 '양화사(量化詞, quantifier, 한정사)'라고 한다. 쉽게 말해서 '모든', '어떤' 같은 단어가 포함된 명제는 일반적 사실을 긍정하거나 부정하는 명제다. 이런 일반 명제는 명제에서 가리키는 대상의 양을 표시하는 양화 기호를 사용해서 나타내야 한다. 가장 일반적인 양화사로는 '모든 …에 대하여'를 가리키는 보편 양화사와 '어떤 …가 존재한다'를 가리키는 존재 양화사가 있다.

** 간단하게 술어논리(predicate logic) 또는 1차 논리(first-order logic)라고도 한다. 명제 혹은 문장들의 논리적 관계를 다루는 명제 논리를 확장한 것이다. 명제 논리에서 명제 전체를 하나의 기호로 표현하는 것과 달리, 1차 술어 해석은 명제를 구성하는 특정 개체(대상)와 술어를 기호

다. 40년 전만 해도 이런 주제를 다루는 논리학 교과서는 없었다. 나는 한 학기짜리 논리학 입문 강의를 진행하면서 반드시 다뤄야 할 고전 논리학 내용과 함께 적어도 현대 논리학의 가장 핵심인 저 두 주제는 가르치겠다고 굳게 결심했다. 그런데 강의에 사용할 수 있는 책이 없었다. 내가 직접 저술한 『수리 논리학Mathematical Logic』이 막 출간되었지만, 그 책은 너무 전문적이었다. 정확하고 연역적으로 완전하면서도 빠르게 배울 수 있고 쉽게 응용할 수 있는 교과서가 필요했다. 나는 당장 할 수 있는 일을 궁리해보고 일종의 비상조치로 6주 동안 얇은 책 한 권을 썼다. 1941년, 이 책을 진 앤드 컴퍼니Ginn and Company 출판사를 통해서 『기초 논리학Elementary Logic』이라는 제목으로 출간했다(그것이 바로 이 책의 탄생이었다). 그리고 고전 논리학 주제를 다루는 교과서를 보조하는 공식 강의 자료로 사용했다.

1941년에 출간한 『기초 논리학』은 현재의 개정판과 상당히 달랐다. 진 앤드 컴퍼니에서 책을 절판시켰을 때 나는 아무런 불만 없이 묵인했다. 그 사이, 나는 더 마음에 드는

로 표현한다. 예를 들어서 '소크라테스는 사람이다'를 명제 논리에서는 단순히 'P'로 표현할 수 있지만, 1차 술어 해석에서는 'Hs'로 표현할 수 있다. (H: 사람이다, s: 소크라테스) 테마 40을 참고할 것.

다른 기법들을 익혔고, 『논리학 방법론Methods of Logic』을 막 저술한 참이었기 때문이다. 그래서 책이 절판되고 수년 후 다른 출판사에서 『기초 논리학』을 재출간하자고 제안했을 때도 거절했다. 그런데 여러 출판사에서 관심을 보이자 나는 개정판을 생각해보기 시작했다. 『논리학 방법론』은 한 학기나 여러 학기 동안 진행되는 집중 강의 내내 다루어야 하는 책이었다. 그래서 논리학은 물론 철학이나 영작문, 컴퓨터 프로그래밍 같은 다른 주제를 다루는 한 학기짜리 강의에서 논리학 요소를 간략히 가르칠 때 『기초 논리학』이 여전히 유용할 듯했다.

1965년, 『기초 논리학』 개정판의 문고본은 하퍼 앤드 로우Harper and Row 출판사에서, 양장본은 하버드대학교 출판부에서 출간했다. 지금은 하퍼 앤드 로우에서 문고본 간행을 중단했고, 고맙게도 하버드대학교 출판부에서 문고본을 계속 출간하고 있다.

1965년 개정판 서문에서 개정판에 나오는 양화 이론의 증명 절차는 원래 『논리학 방법론』의 부록에 실려 있었다고 밝혀두었다. 이는 『논리학 방법론』의 1955년 판과 뜻하지 않게 지연 출간된 1959년 제2판의 부록을 가리킨다. 이 부록 내용은 쿠르트 괴델Kurt Gödel의 정리 이후 양화 이론이 완전한 증명 절차를 허용한다는 사실과 이 특정한 증명 절차를 적용하면 전례 없이 쉽게 논증할 수 있다는 사실을 보여주었다. 또한, 이 증명 절차는 설명하고 정당성을 입증하고 응용하기가 쉽기도 해서 『기초 논리학』 개정판에 포함했다. 최근 나는 『논리학 방법론』 제3판에서 이 증명 절차를 '주요 방법'으로 중요하게 다루었고, 다른 절차들이 타당하다는 것을 입증할 근거로 사용했다. 그러므로 『기초 논리학』과 『논리학 방법론』은 마치 두 발을 번갈아 내딛는 것처럼 교대로 발전해나간 셈이다. 이번 판본은 1965년에 출간한 개정판에 이 서문을 덧붙였을 뿐 내용은 달라지지 않았다.

W.V.Q.

1980년 3월, 보스턴에서

개정판 서문

이 얇은 책은 현대 논리학의 중심 문제를 다룰 때 사용하는 간단한 기법 단 한 가지만 다룰 뿐, 논리학의 지엽적 문제나 다른 방법론은 거의 살펴보지 않는다. 이 책은 기본적인 형식 개념을 설명하고, 일반적 단어를 기호로 변환하는 일을 꽤 자세하게 다루며, 진리 함수적 논리*의 타당성을 확인할 검사 절차를 제시하고, 양화사 논리를 증명할 완전한 절차를 제시한다. 그리고 마지막 부분에서 다른 문제 영역을 간략하게 조금 더 훑어본다. 나는 현대 논리학의 최소 핵심을

---

* 진리 함수는 어떤 명제가 복수의 명제(요소명제)로 구성된 복합명제일 때 이 복합명제의 진릿값은 각 요소명제가 지니는 진릿값의 함수관계로 결정된다는 것을 가리킨다. 이때 요소명제의 구조나 내용은 복합명제의 진릿값에 영향을 주지 않는다. 진리 함수적 논리학은 요소명제가 되는 단순명제, 논리적 연결사, 양화 기호 등을 구성요소로 삼아서 다양하게 구성되는 논리식의 진릿값을 분석한다.

간단하게 압축하기 위해서 이 책을 썼다. 다른 학문을 공부하는 데 꼭 필요한 논리학을 조금 배우려는 학생이나 일반적인 자격시험을 준비하는 학생, 논리학 개론 강의를 들으려는 학생이 이 책을 활용할 수 있을 것이다. 이 책은 더 폭넓은 내용을 다루는 나의 다른 저서는 물론이고 『논리학 방법론』을 읽는 데 들일 수고를 아끼려는 독자에게 적합하다.

이번 개정판을 낼 때 24년 전 초판을 많이 수정했다. 전체 내용의 1/3 정도는 완전히 새로 썼다. 기호를 일부 변경했고, 상당히 많은 전문용어를 최신 용어로 대체했으며, 가장 중요한 검사와 증명 기법은 거의 완전히 바꾸었다. 구별 기법(extrication techniques)*과 단칭명사 변형(singularity transformation)**은 초판에서는 새롭고 확실히 흥미로웠지만,

---

* 콰인은 『확고부동한 확장주의자의 고백 Confessions of a confirmed extensionalist』에서 문법과 논리에 관해 설명하며 '구별(extrication)'을 이야기한다. 양화를 표현하는 문장에서 '…가 있는데 그것은 ~' 절은 변항의 성질을 설명하므로 변항과 상관없이 이질적인 요소를 배제한다. 이 절에서 변항은 내용과 관련해서 선택된 요소를 중심으로 문장을 재조정하고 이 요소와 요소가 가리키는 것을 구분하는 도구가 된다. 콰인은 이 재조정을 '구별'이라고 지칭한다.

** 단칭명사를 기술적인(descriptive) 것과 비기술적인(non-descriptive) 것으로 구분하지 않고 기술(description) 즉, '(ɩx)Fx' 형태로 변형하는 것을 가리킨다.

개정판에서는 다른 내용으로 대체되었다. 다른 기법들은 논리학의 일반 기법으로 굳어졌고 여전히 효과적이기 때문에 개정판에서도 다루었다.

개정판에서 진리 함수적 논리의 타당성을 확인하기 위해 제시한 검사 절차는 논리합 정규형과 논리곱 정규형*이라는 전통적인 방법이다. 또한, 개정판에서 양화 이론을 증명하는 기법은 『논리학 방법론』의 부록 (5)에 실려 있던 내용이다. 간단히 말해, 진리 함수적 모순이 축적될 때까지 예화를 적용해서 하나 혹은 그 이상의 전치형 도식이 모순이라는 사실을 증명한다는 내용이다. 이 증명 기법이 설명하고 타당성을 입증하고 활용하기가 용이하다는 사실을 종합적으로 고려해보면, 이 기법은 양화 이론을 증명하는 가장 쉬운 방법일 것이다. 이 기법은 스콜렘Thoralf Skolem과 에르브랑Jacques Herbrand이 세운 논리학 전통에서 비롯했다.

서론과 1장은 사소한 교정을 제외하면 거의 변함이 없다. 2장의 테마 14부터 테마 20까지 총 7개 테마는 내용을

---

* 정규형이란 논리식을 논리곱의 합이나 논리합의 곱으로 나타낸 것을 말한다. 논리합 정규형은 문자항의 논리곱들이 논리합으로 연결된 형태를 가리킨다. 논리곱 정규형은 문자항의 논리합들이 논리곱으로 연결된 형태를 가리킨다.

거의 바꾸지 않았고, 용어만 일부 수정했다. '구성적(compositional)'은 '진리 함수적(truth-functional)'으로, '구조(frame)'는 '도식(schema)'으로, '명제 변항(statement variable)'은 '명제 문자(letter)'로 대체했다. 초판 2장의 테마 21부터 테마 30까지 총 10개 테마는 개정판 2장의 테마 21부터 테마 27까지 총 7개 테마로 바꾸었다. 이때 2/3은 새로운 내용으로, 1/3은 기존 내용으로 구성했다. 3장에서는 각 테마의 번호를 조정했고 양화사(量化詞, quantifier)와 관련해서 괄호를 다시 사용했다. 또한, 개정판 3장의 테마 30이 된 내용에서 용어를 최신 용어로 바꾸고, 개정판 3장 테마 36이 된 내용에서는 마지막 부분을 수정했다. 4장의 경우, 초판 4장 15개 테마 중에서 가장 첫 4개 테마 만 내용을 그대로 유지했다. 다만 이 4개 테마에서도 용어는 분명하게 바꾸었고〔'등사(stencil)'를 '술어(predicate)'로 변경〕, 일부 내용을 더 수정했다. 초판 4장의 테마 46부터 테마 56까지 총 11개의 테마는 개정판 4장의 테마 43부터 테마 48까지 총 6개 테마로 바꾸었다. 그리고 일부 단락을 제외하면 내용을 거의 모두 변경했다.

『논리학 방법론』을 읽은 독자라면 두 책의 예문 일부가 같다는 사실을 알아차릴 것이다. 하지만 이 예문은 『논리학 방법론』에서 빌려온 것이 아니다. 이 예문은 『기초 논리학』 1941년 초판에서 먼저 사용했고, 이후 『논리학 방법론』 1950년 판을 낼 때 출처를 밝히고 인용했다.

독자들은 양화 도식의 타당성은 모든 류(class)*와 관계(relation)**에 의해 달성된다는 사실을 알고 있을 테니, 테마 43에서 타당성이란 어떻게 치환하더라도 참이라는 설명을 읽고 의문스러워질 것이다. 어떻게 치환하더라도 참이라는 말은 두 가지 이유에서 틀린 것처럼 보인다. '모든 류와 관계'의 범위와 달리 '모든 치환'의 범위는 표현 어휘가 얼마나 풍부한지에 따라 달라진다. 게다가 어휘가 풍부하더라도, 칸

---

* 집합론 용어인 류(class, 類)는 정의가 없는 개념이며, 공리계에 따라서 의미가 조금씩 다르다. 정의가 없는 용어지만 간단하게 정리해보자면 집합의 집합, 집합의 모임이라고 할 수 있다.

** 관계는 두 대상을 짝지어 생각하는 것과 관련된 개념이다. 가장 기본적인 관계는 'x는 y를 사랑한다' 같은 이항관계(二項關係)를 들 수 있다. 여기서 'x는 y에 대하여 R이라는 관계에 있다'고 설명하며, '사랑하다'는 이항 관계어이다. 수리 논리학에서 관계는 논항이 여럿인 술어, 즉 다항 술어(polyadic predicate)로 나타낸다. 2개 이상의 항(대상)에 관한 술어를 n항 술어 또는 n항 관계어라고 하며, 이 항들 사이의 관계를 나타낸다. 관계는 대개 집합론에서 분석되는데 집합론에서는 순서쌍의 집합을 가리킨다. 집합 A의 원소 a와 집합 B의 원소 b 사이에 R 관계가 있을 때, 'aRb'를 성립시키는 순서쌍 (a.b) 전체의 집합으로 R의 그래프를 나타낸다.

토어의 정리(Cantor's theorem)*에 의해 치환으로 표현할 수 있는 것을 넘어서는 류와 관계가 존재할 것이다. 하지만 사실, 치환하는 데 사용 가능한 어휘가 기초 정수론의 표기법을 포함한다면, 어떻게 치환하더라도 참인 양화 도식 전부 모든 류와 관계에 의해 타당성이 달성될 것이다. 힐베르트David Hilbert와 베르나이스Paul Bernays의 『수학의 기초Grundlagen der Mathematik』 제2권, pp.234-253에서 이 결론을 도출했으며, 바로 이 때문에 테마 43에서 타당성을 어떻게 치환하더라도 참이라고 정의했다. 여기서는 간단히 설명했지만, 상급 수준 학생이라면 물론 더 자세한 설명까지 이해해야 한다.

W.V.Q.

매사추세츠, 하버드에서

1965년 8월

---

* 집합론에서 멱집합(冪集合, power set, 그 집합의 모든 부분 집합을 모은 집합)의 원소 개수가 항상 원래 집합의 원소 개수보다 많다는 정리이다. 다시 말해 멱집합이 원래 집합보다 크다는 뜻이며, 원래 집합과 멱집합의 원소는 일대일 대응할 수 없다.

1941년 판 서문

현대 논리학은 그저 전통적인 형식 논리학에서 자연스럽게 성장한 결과물인 것만은 아니다. 수학 기초론의 문제가 논리학이 발전하도록 자극하는 중요한 원천이었다. 그런데 현대 논리학을 공부하는 일반 학생들은 전통 논리학에서 해결하고자 했던 문제를 풀 수 있는 기법과 분석만 찾으려고 한다. 따라서 이들이 마주하는 복잡한 방법들 대다수는 원하는 목적과 무관하다.

요즘 논리학 입문서를 저술하는 저자들은 수학에서 자극을 받은 중요한 세부 사항들을 교묘히 피해 가야 한다는 사실을 잘 안다. 하지만 이 저자들은 중요한 세부 문제를 피하면서, 비(非) 수학적 관점에서 보더라도 현대 논리학이 전통 논리학을 대체로 뛰어넘은 기법을 무시하는 실수를 저지른다. 이들이 가장 등한시하는 것은 바로 '양화 이론'

즉, '어떤'과 '모든', '아무것도 …않다(없다)', 대명사에 관한 이론이다. 논리학 입문서는 전통 삼단 논법보다 덜 포괄적인 양화 이론의 사소한 부분, 소위 류 대수(class algebra)* 내용으로 끝나는 경향이 있다. 하지만 양화 이론에서 분석되고 처리되는 표현 양식은 모든 담화에서 굉장히 기본적인 역할을 맡기 때문에 어떤 논리학 입문 강좌에서든 양화 이론의 중요한 표현 양식을 분명히 다루어야 한다. 나는 이 책의 4장에서 일반적이고 기본적인 목적에 맞게 양화 이론을 설명하려고 노력했다.

2장은 논리학 이론에서 더 간단한 부분, 즉 명제** 구성을 다룬다. 명제 구성을 다루는 2장에서 활용한 접근법은 양화 이론을 다루는 4장에서 활용한 접근법 못지않게 상당히 새롭다. 2장과 4장에서 다룬 기본 방법론은 단계적 추론

---

* 콰인은 『논리학 방법론』에서 류(class)를 나타내는 일반 명사(一般 名辭, general term)에 관한 불 논리 혹은 불 연산(Boolean logic)이 대체로 과거에는 류 대수(algebra of classes)로 여겨졌고, 불 대수(Boolean algebra)로 불렸다고 설명한다. 논리적 사고 과정을 수학적인 방정식으로 처리하는 불 대수는 수치적 상관관계가 아니라 논리적 상관관계를 다룬다. 변수들의 값은 참 또는 거짓 둘 중 하나로만 한정할 수 있고, 이 변수 간의 상관관계는 논리곱, 논리합, 부정 등의 연산자로 나타낸다.

** proposition, statement, 논리학 · 철학 · 수학 등에서 참인지 거짓인지 판별할 수 있는 의미 있는 평서문 또는 식을 가리킨다.

보다 표현을 점점 동의 어구로 바꿔나가는 것에 의존한다. 따라서 이 책의 일반적인 접근법은 공리를 사용해서 정리를 연역하는 기하학 연습보다 어떤 대상을 등가물로 대체하는 대수학 연습과 더 비슷하다.

이 책의 목적은 독자가 평범한 담화와 관련된 기본 논리 구조와 추론을 더 잘 이해하도록 돕는 것이다. 그래서 책의 절반에 가까운 1장과 3장은 언어 표현 양식을 분석하는 데 할애했다. 일반적 표현을 도식적 기호로 바꾸어서 분석을 진행했지만, 기호를 활용한 분석 방법은 최소로 제한했다. 예를 들어, '기호 논리학(symbolic logic)*'에서처럼 연결사 '…라면 …이다', '또는', '그리고', '…가 아니다'에 대응하는 논리 기호를 모두 사용하는 대신, 오직 '그리고'와 '…가 아니다'에 해당하는 기호만 사용했다. 서로 의미는 같지만 다른 일상 언어로 표현된 명제들은 기호로 변환되어 하나로 통합되는 경향을 보인다. 반면에 일반적인 '기호 논리학'에서 그런 명제는 서로 다른 기호로 변환된 후 나중에 기호법을 통해 모두 의미가 동일하다는 것이 입

* 일상 언어를 활용하는 일반 논리학과 달리 대수학처럼 기호를 사용해서 논리 구조를 밝히는 논리학이다. 수리 논리학이나 수학적 논리학이라고 부르기도 한다.

증된다. 그러므로 이 책에서 기호 분석 방법을 적용하는 내용은 상당수가 논리학의 해석적 측면으로 전환된다. 나는 일상 언어에서 벗어나 기호로 변환하는 것이 확실히 유리해지기 전까지는 일상 언어를 직접 활용해서 작업하려고 했다.

역사적 배경을 더 알고 싶다면, 나의 전작 『수리 논리학』에서 작은 활자로 인쇄된 구절을 읽어 보길 권한다. 이 책에서는 원래 언급했어야 할 내용을 모두 다루는 대신 참조할 전작과 학자들만 언급하고 넘어갔다. 마지막으로 존 C. 쿨리John C. Cooley 박사에게 감사의 마음을 전한다. 쿨리 박사는 내가 1938년부터 1940년까지 하버드대학교에서 기초 논리학을 강의할 때 도와주었고 내가 강의 자료로 활용했던 『형식 논리학 개론Outline of Formal Logic』을 등사판으로 몇 권 발행해주었다. 나는 쿨리 박사를 따라서 '동치(equivalence)', '타당성(validity)', '함의(implication)'라는 용어를 주로 '구조(도식, schema)'에 적용했으며 예시를 들어서 이 개념을 설명했다. 도식에 관한 일반적 견해(테마 14)는 주로 쿨리 박사의 의견을 따랐으나, 부분적으로는 앨버트 월스테터Albert Wohlstetter의 변항에 관한 미출간 논문(컬럼비아대학교 철학 석사 논문, 1938년)도 참고했다. 그리고 유익한 조언을 해준 칼 헴펠Carl G. Hempel 박사에게도 감사하다.

W.V.Q.

1941년 1월, 케임브리지에서

차례

2장. 진리 함수적 변형 / 109

3장. 양화 / 191

기초 논리학

테마 1. 서론

'논리학'이라는 용어의 범위는 수 세기 동안 이 용어를 사용하는 사람에 따라 대단히 달랐다. 하지만 이 다양한 범위가 모두 에워싸고 있는 공통의 영역이 있는 것 같다. 논리학은 보통 '필연적 추론의 학문'이라고 모호하게 일컬어진다. 그리고 논리학을 이 '필연적 추론'이라는 분야에 한정하려는 경향이 늘어나고 있다. 이 책에서 사용한 논리학의 의미 역시 이 경향을 따랐다.

이제 논리학을 약간 더 분명하게 정의해보자. 우선, '만약 …라면'. '그렇다면 …이다', '그리고', '또는', '…가 아니다', '…하지 않는 한', '어떤', '전부', '모든', '무엇이든', '그것' 등을 포함하는 특정한 기본 표현을 **논리적**(logical)이라고 부를 수 있을 것이다. 이런 표현은 어떤 주제에 관한 명제(statement)에서든 사용된다. 그리고 명제를 구성하는 다른 더 특별한 성분이 이 기본 표현을 통해 결합되는 유형을 명제의 **논리 구조**(logical structure)라고 부를 수 있다. 예를 들어보자.

(1) 모든 미생물은 동물이거나 식물이다.

(2) 모든 제네바 사람은 칼뱅주의자거나 가톨릭교도다.

명제 (1)과 명제 (2)는 모두 동일한 논리 구조를 지닌다. 그리고 논리학은 논리 구조가 참, 거짓과 어떤 관련이 있는지 연구한다.

명제가 오로지 논리 구조 때문에 참이라면 그 명제는 **논리적으로 참**(logical true)이다. 다시 말해, 논리적으로 참인 명제와 똑같은 논리 구조를 지니는 명제는 주제와 상관없이 모두 똑같이 참이다. 간단한 예를 하나 더 들어보겠다.

모든 미생물은 동물이거나 동물이 아니다.

두 명제가 오로지 논리 구조 때문에 참 또는 거짓이라는 점에서 일치한다면, 그 두 명제는 **논리적으로 동치**(logical equivalent)*다. 즉, 두 명제를 구성하는 성분 중 논리 외적 성분을 동일하게 수정해서 명제 중 하나는 참으로 다른 하나는 거짓으로 만들 수 없다면, 두 명제는 논리적으로 동치다.

> 만약 어떤 것이 동물도 아니고 식물도 아니라면,
> 그것은 미생물이 아니다.

이 명제는 위의 명제 (1)과 논리적으로 동치다. 만약 오로지 두 명제의 논리 구조 때문에 한 명제의 참으로부터 다른 명제의 참을 추론할 수 있다면, 그 첫 번째 명제는 두 번째 명제를 **논리적으로 함의**(logical imply)한다.

> 모든 제노바 사람은 칼뱅주의자다.

---

* 논리적 동치란 두 명제가 논리적으로 같다는 뜻이다. 즉, 한 명제가 참이면 다른 명제도 참이고, 한 명제가 거짓이면 다른 명제도 거짓이 된다. 따라서 두 명제가 모든 경우에서 진릿값이 같을 때 논리적 동치라고 한다.

이 명제는 위의 명제 (2)를 논리적으로 함의한다.

논리적 참과 논리적 동치, 논리적 함의를 언제나 위의 예문에서처럼 손쉽게 찾아낼 수는 없다. 심지어 위에서 언급한 예문처럼 가장 간단한 수준에서도 가끔 오류가 발생할 수 있다. 예를 들어보자.

(3) 어떤 동물은 미생물이다.

우리는 명제 (1)이 명제 (3)을 논리적으로 함의한다고 판단하고 싶을 수도 있다. 하지만 '미생물'을 '진달래'로 바꾸면 명제 (1)은 여전히 참이지만 명제 (3)은 거짓이 되므로, 이 판단이 틀렸다는 사실을 확인할 수 있다. 아마 독자 여러분은 정상적인 분별력이 있어서 이렇게 간단한 오류를 저지르지 않았을 것이다. 하지만 이보다 더욱더 복잡한 경우가 끝도 없이 많으며, 이때는 특별한 기법을 익힌 사람이 아니라면 논리적 참과 논리적 동치, 논리적 함의를 발견할 수 없다. 논리학은 그런 기법을 개발하는 것과 관련 있다.

이런 의미에서, 논리학의 일부는 아리스토텔레스 논리학에서 발전했으며 오래전부터 '형식 논리학'으로 알려졌다. 그런데 20세기에 논리학의 개념이 급진적으로 변경되었고 방법론이 급격하게 확장되었다. 그리하여 역동적인 새로운 논리학이 과거의 제한적이고 정형적이었던 형식 논리학의 뒤를 이었다. 새 논리학은 범위와 치밀함이라는 측면에서 옛 논리학을 훨씬 능가했다. 전통적인 형식 논리학이 부인되거나 반박당하지는 않았지만, 새로운 논리학이 형식 논리학의 작업을 더 큰 작업의 부수적 일부로 삼아서 더 효율적으로 수행했다.

현대적 형태의 논리학은 편의상 세 부분으로 나뉜다. 첫 번째, **진리 함수**(truth functions)* 이론에서는 '그리고', '또는', '…가 아니다', '…하지 않는 한', '…라면 …이다' 같은 연결사로 단순명제를 결합한 복합명제에서 보이는 논리 구조만을 연구한다. 두 번째, **양화**(quantification) 이론에서는 앞서 언급한 연결사가 '모든', '무엇이든', '어떤', '아무것도' 같은 일반화 용어와 혼합되는 더 복잡한 구조를 연구한다. 마지막으로, '**소속**(membership)' 이론에서는 보편적 존재 또는 추상적 대상에 관한 담화라는 특수한 구조를 연구한

* 진리 함수는 어떤 명제가 복수의 명제(요소명제)로 구성된 복합명제일 때, 이 복합명제의 진릿값은 각 요소명제가 지니는 진릿값의 함수관계로 결정된다는 것을 가리킨다. 이때 요소명제의 구조나 내용은 복합명제의 진릿값에 영향을 주지 않는다.

다. 나는 이 삼분법을 기본 개요로 삼아서 더 광범위한 주제를 다루는 전작 『수리 논리학』을 저술했다.

하지만 삼분법만큼 타당한 다른 구분법도 있다. 이 구분법에 따르면 엄밀한 의미의 논리학은 진리 함수 이론과 양화 이론으로만 구성되며, '소속' 이론은 논리학이 아니라 수학의 논리 외적 기본 분과로 여겨진다.* '논리학'을 삼분법으로 이해하느냐, 아니면 더 엄밀한 이분법으로 이해하느냐는 그저 앞서 언급한 '논리적 표현'의 목록을 어디까지 연장할 것인가에 관한 문제다. 더 폭넓은 의미에서 논리학은 수학을 포함한다.** 반면에 더 좁은 의미에서 보자면, 논리학과 수학 사이에는 전통적 관습에 꽤 잘 들어맞는 경계가 존재한다.

이 책에서는 논리학의 영역 중 대체로 진리 함수 이론과 양화 이론만을 다룬다. 이렇게 진리 함수 이론과 양화 이론 두 가지로 구성된 논리학은 각자의 견해에 따라 '기초 논리학' 혹은 그저 '논리학'이라고 부를 수 있다. 이 입장은 『수리 논리학』에서 채택했던 삼분법보다 훨씬 제한적이므

---

* Cf. 『수리 논리학』, 테마 48, pp.127-128. 이 관점은 앨프레드 타르스키 Alfred Tarski 교수에게서 도움을 받았다.

** Cf. 『수리 논리학』, p.5, p.126, pp.237-279.

로 이 책에서는 뚜렷하게 수학적 특징을 보이는 주제는 전혀 다루지 않는다. 그 대신 누구든 주저하지 않고 논리학의 영역이라고 분류할 문제만 충실하게 다룬다. 그렇지만 이 책에서 살펴보는 논리학의 영역은 전통적인 형식 논리학의 영역을 훨씬 넘어선다.

이 책에서 다루는 문제는 명제 구성과 양화라는 이분법의 주제일 뿐만 아니라, 명제 구성을 나누는 이분법의 주제이기도 하다. 논리학에서는 참과 거짓과 관련해서 단일한 논리 구조들을 살펴보기 이전에 각 논리 구조를 구분해야 하기 때문이다. 논리 구조를 구분하는 일은 일상적인 진술을 분석하고, 함축적인 성분을 명시적으로 바꾸고, 전체를 체계적으로 다룰 수 있는 형태로 환원하는 작업이다. 이는 계산적인 작업이 아니라 해석적인 작업이다. 이 이분법 두 가지에 따라 책을 총 4개 장으로 나누어 놓았다.

1장 명제의 구성

테마 2. 진릿값

명제는 문장이지만, 모든 문장이 명제인 것은 아니다. 참인 문장과 거짓인 문장만이 명제이다. 참과 거짓이라는 문장의 속성을 명제의 진릿값(truth value)이라고 한다. 그러므로 명제가 참이냐 거짓이냐에 따라서 그 명제의 진릿값은 참 또는 거짓이 된다.

'지금 몇 시입니까?', '문 닫아라', '오, 다시 한번 젊어질 수 있다면!' 같은 문장은 참도 거짓도 아니므로 명제가 아니다. 오직 평서문만이 명제이다. 하지만 더 자세히 검토해보면, 평서문도 전부 명제는 아니라는 사실이 드러난다. '나는 아프다'라는 평서문은 본질상 참도 거짓도 아니다. 어떤 사람에게는 이 문장이 참일 수 있지만, 이와 동시에 다른 사람에게는 거짓일 수 있다. '그가 아프다'라는 문장 역시 본질상 참도 거짓도 아니다. 문장에서 가리키는 '그'가 맥락에 따라 다르기 때문이다. 어떤 맥락에서는 '그가 아프다'라는 말이 참일 수 있지만, 다른 맥락에서는 거짓일 수 있다.

사실, '존스가 아프다'라는 문장도 똑같은 문제를 안고 있다. 주어진 맥락이 없다면, 문장 속 '존스'가 털사의 리스트리트에 사는 헨리 존스인지 매사추세츠의 웬햄에 사는 존 J. 존스인지 분명하지 않기 때문이다. '이곳은 외풍이 있다'라는 문장은 어떤 사람에게는 참이면서 그 옆에 있는 사람에게는 거짓일 수 있다. '티베트는 멀다'라는 문장은 미국 보스턴에서는 참이지만 인도 다르질링에서는 거짓이다. '시금치는 좋다'라는 문장이 만약 '시금치는 비타민이 풍부하다'라는 뜻이 아니라 '나는 시금치를 좋아한다'라는 뜻이라면, 이 문장은 일부 사람에게는 참이겠지만 나머지 사람에게는 거짓이다.

위의 예문에서 '나', '그', '존스', '이곳', '멀다', '좋다'라는 단어는 문장의 진릿값이 발화자나 상황, 맥락에 따라 달라지는 데 영향을 미친다. 진릿값에 영향을 미치는 단어를 모호하지 않은 단어나 구절로 바꿔야만 평서문을 명제로 받아들일 수 있다. 이렇게 수정을 거친 후에야 문장 하나가 맥락에 의존하지 않고 스스로 진릿값을 가진다고 말할 수 있다.

모호한 단어를 바꾸면, 문장이 어떤 사람에게나 어떤 맥락에서는 참이면서 동시에 다른 사람에게나 다른 맥락에서는 거짓이 되는 것을 충분히 막을 수 있다. 그런데 이렇게 단어를 바꾸더라도 문장의 진릿값이 여전히 시간에 따라서 자주 달라지는 것처럼 보일 것이다.

(1) 털사의 리 스트리트에 사는 헨리 존스가 아프다.

이 문장은 존스의 건강 상태에 따라 어떤 때에는 참이지만 다른 때에는 거짓이다. '나치가 보헤미아를 합병했다'라는 문장은 1939년 이전에는 거짓이었지만 현재에서는 참이다. 반면에 '나치가 보헤미아를 합병할 것이다'라는 문장은 1939년 이전에는 참이었지만, 과거의 합병이 취소되고 미래에 다시 일어날 예정이 아니라면 현재에서는 거짓이다.

하지만 각 명제가 시간과 상관없이 항상 참이거나 항상 거짓이어야 논리적 분석이 가능해진다. 시간을 구별해야 할 경우, 문장의 동사를 시제가 없는 동사로 바꾸고 명확한 연대를 설명해서 논리 분석이 가능한 명제를 얻을 수 있다. 1939년 5월 9일에 말했을 때 참인 문장 '나치가 보헤미아를 합병할 것이다'는 '1939년 5월 9일 이후 나치가 보헤미아를 합병하다[시제 없음]'라는 명제와 상응한다. 이 명제는 발언 날짜에 상관없이 항상 참이다. 시제 없이 해석되는 더 짧은 명제 '나치가 보헤미아를 합병하다'는 나치가 보헤미아를 합병하는 날이 과거나 현재, 미래 중 적어도 한 번은 있다는 사실을 단언한다. 그리고 이 명제 역시 항상 참이다. 1940년 7월 28일에 현재 시제로 말한 예문 (1)은 '1940년 7월 28일 털사의 리 스트리트에 사는 헨리 존스가 아프다[시제 없음]'라는 명제와 상응한다. 그런데 시제 없이 해석되는 이 명제 (1)은 존스가 살면서 적어도 한 번은 과거에 아팠거나 미래에 아프다는 이유로 항상 참이라고 여겨질 수도 있다.

문장을 이렇게 다듬어보는 것은 분석의 이론적 기초로서 중요하지만, 예시를 현실적으로 구성할 때는 '존스가 아프다', 심지어 '내가 너에게 연락할 것이다' 같은 문장을 명제로 사용하는 편이 편리할 것이다. 다만 우리는 언제나 이런 문장이 적절하고 완전한 명제로 확장된다고 상상해야 한다. 기술적 분석 방법론은 명제가 맥락, 발화자, 발언의

때와 장소에 상관없이 한결같이 참이거나 한결같이 거짓인 문장이라는 합의에 따라서 형성될 것이다.

연결사(connective) '그리고', '또는', '…라면 …이다', '…도 아니고 …도 아니다' 등을 사용해서 단순명제(simple statement)를 연결하여 복합명제(compound statement)를 만들 수 있다. 어떤 식으로든 복합명제의 진릿값은 복합명제를 구성하는 단순명제의 진릿값에 달려 있다. 예문을 살펴보자.

(2) 존스가 아프고 스미스가 부재중이다.

이 복합명제는 '존스가 아프다'와 '스미스가 부재중이다' 모두 참일 경우에만 참이다.

(3) 존스도 아프지 않고 스미스도 부재중이 아니다.

이 복합명제는 '존스가 아프다'와 '스미스가 부재중이다' 모두 참이 아닐 때만 참이다.

(4) 존스가 아프거나 스미스가 부재중이다.

이 복합명제는 '존스가 아프다'와 '스미스가 부재중이다' 둘 중 하나만 참일 경우에만 참이다. 또한, 한 복합명제의 진릿값과 다른 복합명제의 진릿값의 상호의존성 유형은 다양할 수 있다. 예를 들어, 복합명제 (2)와 (3) 둘 다 참일 수 없다는 것, 그리고 복합명제 (3)과 (4) 둘 다 참일 수 없다는 것은 분명하다.

문장 연결사를 연달아 사용해서 더욱더 복잡한 명제를 만들어낼 수 있다.

(5) 만약 존스가 아프거나 스미스가 부재중이라면 로빈슨이 정신을 차리고 직접 문제를 해결하지 않는 한 아르고스 계약도 체결되지 않을 것이고 책임자들이 만나서 배당금을 발표하지도 않을 것이다.

이렇게 복잡한 명제의 진릿값 역시 그 명제를 구성하는 요소명제(component)들의 진릿값에 따라 결정된다. 따라서 복합명제 (5)를 구성하는 요소명제 일곱 개의 진릿값을 알고 나면 복합명제 (5)의 진릿값을 결정할 수 있다.

(6) 존스가 아프다.

(7) 스미스가 부재중이다.

(8) 로빈슨이 정신을 차릴 것이다.

(9) 로빈슨이 직접 문제를 해결할 것이다.

(10) 아르고스 계약이 체결될 것이다.

(11) 책임자들이 만날 것이다.

(12) 책임자들이 배당금을 발표할 것이다.

하지만 복합명제가 점점 복잡해지면 단순명제의 진릿값을 확인해서 복합명제의 진릿값을 발견하는 일이 점점 어려워진다. 따라서 복잡한 복합명제의 진릿값을 결정하려면 체계적 기법을 개발해야 한다(테마 22 참고). 이런 기법은 복잡한 복합명제 하나의 진릿값과 다른 복잡한 복합명제의 진릿값 사이에 존재하는 상호의존 관계를 찾아낼 때도 필요하다. 가장 기초적 수준에서 보았을 때 현대 논리학은 이런 기법 개발과 관련 있다. 이 문제는 2장에서 다룰 것이다. 그 전에 이 장에서 명제를 구성하는 가장 일반적인 방법 일부를 훑어보며 논리학의 주제에 익숙해져야 한다.

연습문제

다음 문장 중 테마 2에서 설명한 엄밀한 의미에 들어맞는 명제는 어느 것인가? 명제가 아닌 문장은 어떻게 명제로 고칠 수 있겠는가?

철은 금속이다.

철은 식물이다.

스트롬볼리 화산은 1937년에 활동을 재개했고 아직 멈추지 않았다.

워싱턴은 링컨이 태어나기 전에 죽었다.

나는 이곳에서 100마일 이상 벗어날 때마다 향수병에 걸린다.

그 의사는 앤서니 이든과 같은 반 친구였다.

테마 3. 논리곱

현대 논리학에서 사용하는 기호 중 '•'는 명제 연결사 '그리고' 대신 사용된다. 테마 2(2)*를 기호를 사용해서 바꿔보자.

(1) 존스가 아프다 • 스미스가 부재중이다

다른 복합명제를 하나 더 살펴보자. 셰익스피어의 명언 '어떤 사람은 위대하게 태어나고, 어떤 사람은 위대함을 성취하며, 어떤 사람은 위대함을 떠안는다', 다시 말해 '어떤 사람은 위대하게 태어난다 **그리고** 어떤 사람은 위대함을 성취한다 **그리고** 어떤 사람은 위대함을 떠안는다'라는 명제를 바꿔보겠다.

(2) 어떤 사람은 위대하게 태어난다 • 어떤 사람은 위대함을 성취한다 • 어떤 사람은 위대함을 떠안는다

---

* '테마 2(2)'는 테마 2에 나오는 예문 (2)를 가리킨다.

이런 식으로 '•'를 사용해서 명제를 두 개 이상 결합한 구성을 **논리곱**(연언, conjunction)이라고 한다. 그리고 이런 복합명제를 그 요소명제들의 **논리곱**이라고 한다.

논리곱은 그 논리곱을 구성하는 요소명제들이 각각 참일 경우에만 참이다. 그리고 논리곱은 그 요소명제 중 하나 이상이 거짓일 경우에만 거짓이다. 분명히, 논리곱의 요소명제들이 놓인 순서는 그 논리곱의 진릿값과 관련이 없다. 위에서 예문으로 든 셰익스피어의 명언은 '어떤 사람은 위대함을 성취하고, 어떤 사람은 위대함을 떠안으며, 어떤 사람은 위대하게 태어난다'라고 말하거나 '어떤 사람은 위대함을 떠안고, 어떤 사람은 위대하게 태어나며, 어떤 사람은 위대함을 성취한다'라고 말하더라도 의미가 똑같을 것이다. 명언 전체를 구성하는 세 문장을 어떤 순서로 말하더라도 뜻은 똑같다. 우리는 보통 강조나 점층, 어감 같은 수사적 효과를 고려해서 논리곱을 특정한 순서대로 쓰고 싶어한다. 하지만 수사적 고려는 논리곱의 참, 거짓과는 아무런 관계가 없다.

연결사 '그리고'는 일상적 담화에서 명제뿐만이 아니라 문장, 심지어는 명사와 동사, 부사, 전치사 등 사이에서도 사용된다. 논리학 용어 '논리곱'이 적용되는 경우는 바로 명제 사이에 '•'를 사용할 때이다. 그런데 명사나 동사, 담화의 다른 부분 사이에 '그리고'를 사용한 형태는 보통 논리곱에서 명제 사이에 '그리고'를 사용한 형태를 축약한 것일 뿐이다. 그러므로 '미국인은 여권 없이 캐나다와 멕시코에 입국할 수 있다'라는 문장은 '미국인은 여권 없이 캐나다에 입국할 수 있다 **그리고** 미국인은 여권 없이 멕시코에 입국할 수 있다'라는 논리곱의 축약형이다. 마찬가지로, 테마 2에서 예시로 들었던 명제 '로빈슨이 정신을 차리고 직접 문제를 해결하다'는 '로빈슨이 정신을 차리다 **그리고** 로빈슨이 직접 문제를 해결하다'의 축약형이다.

(3) 어떤 사람은 위대하게 태어난다.

(4) 어떤 사람은 위대함을 성취한다 • 어떤 사람은 위대함을 떠안는다

(5) 어떤 사람은 위대하게 태어난다 • 어떤 사람은 위대함을 성취한다

(6) 어떤 사람은 위대함을 떠안는다.

(7) 어떤 사람은 위대함을 성취한다.

(3)과 (4)로 구성된 논리곱, (5)와 (6)으로 구성된 논리곱, (3)과 (7)과 (6)으로 구성된 논리곱이 있다. 이때 우리의 표기법에서 이 논리곱 셋은 서로 구별할 수 없다. 이 논리곱 셋은 똑같은 결과를 낸다. 즉, 모두 논리곱 (2)와 같다. 이때 진릿값에 영향을 미치는 모호함은 존재하지 않는다. 위의 논리곱 세 개 중 무엇을 선택하더라도 (2)의 진릿값이 그대로 유지된다는 사실이 쉽게 보이기 때문이다. 어떤 예시를 들더라도 마찬가지다. 만약 (2)를 (3)과 (7)과 (6) 세 개가 결합한 논리곱으로 해석한다면, (3)과 (7)과 (6)이 각각 참인 경우에만 (2)를 참으로 간주해야 한다. 다른 한편, (2)를 (5)와 (6)이 결합한 논리곱이라고 해석한다면, (5)와 (6)이 둘 다 참인 경우에만 (2)를 참으로 간주해야 한다. 그런데 논리곱 (5)는 이 논리곱을 구성하는 (3)과 (7)이 둘 다 참인 경우에만 참이다. 그래서 결국 (3)과 (7)과 (6)이 모두 참인 경우에만 (2)를 참으로 간주한다는 결론으로 돌아온다. (2)를 (3)과 (4)의 논리곱이라고 해석해도 결과는 똑같다. 따라서 (2)가 동시에 (3)과 (4)의 논리곱이자 (5)와 (6)의 논리곱이며 (3)과 (7)과 (6)의 논리곱이라고 생각할 수

있다. 이 논리곱 세 개는 명제 (2)와 같다.

우리는 (3)과 (4)의 논리곱은 (3)과 (7)과 (6)의 논리곱이며, 이때 (3)과 (7)과 (6)은 각각 논리곱이 아니라는 사실을 확인했다. 이와 유사하게, 대체로 논리곱과 명제를 결합한 논리곱, 또는 복수의 논리곱을 결합한 논리곱은 논리곱이 아닌 다른 명제들을 결합한 논리곱이기도 하다. 그리고 논리곱 하나를 구성하는 명제 중에 논리곱이 포함되어 있건 그렇지 않건, 모든 명제 각각이 참인 경우에만 그 논리곱을 참이라고 설명할 수 있다. 그래서 (3)과 (4)가 참인 경우에만, 또한 (5)와 (6)이 참인 경우에만, 또한 (3)과 (7)과 (6)이 참인 경우에만 (2)가 참이라는 사실을 확인할 수 있다.

연습문제

명제 세 개로 이루어진 다음 논리곱을 기호를 사용해서 표현해보시오. 그리고 만약 캄피오네에 관해 들어본 적이 없다면, 이 논리곱이 참인지 거짓인지 판별할 수 있겠는가?

로마와 파리는 이탈리아에 있고 캄피오네는 스위스에 있다.

테마 4. 부정명제

어떤 명제가 주어지든, 우리는 그 명제를 **부정**해서 다른 명제를 만들 수 있다. 원래 명제가 참이냐 거짓이냐에 따라서 그 명제의 **부정명제**(denial)는 거짓이거나 참이 된다. 한 명제의 부정은 명제 앞에 '∼'를 더해서 표현할 수 있다. 해당 명제가 논리곱이라면 그 명제를 괄호 안에 넣고 그 앞에 '∼'를 더하면 된다. 먼저 명제 '캔자스는 아이오와와 맞닿아 있다'의 부정명제를 만들어보자.

(1) ∼캔자스는 아이오와와 맞닿아 있다

그리고 테마 3(1)의 부정명제도 만들어보자.

(2) ∼(존스가 아프다 • 스미스가 부재중이다)

이때 물결 모양 기호 '∼'는 'n'의 모양을 바꾼 것이며 편의상 '아니다'라고 읽는다.

일상 언어에서 부정명제를 만드는 방법은 불규칙적이다. 때로는 본동사에 '아니다' 혹은 '하지 않다', '할 수 없다'를 덧붙인다. 그러므로 (1)은 '캔자스는 아이오와와 맞닿아 있지 않다' 또는 '캔자스는 아이오와와 맞닿을 수 없다'로 표현할 수 있다. 만약 명제의 본동사가 하나가 아니라면, 간접적인 표현 방법을 사용해서 부정명제를 만든다. 부정명제 (2)를 기호가 아닌 단어로 표현해보자.

(3) 존스가 아프고 스미스가 부재중인 것은 아니다.

일상적 용법에서 수많은 다른 부정명제의 예시는 특수한 취급을 받는다. 예를 들어, '~어떤 사람은 위대하게 태어난다'는 '아무도 위대하게 태어나지 않는다'로 표현할 수 있고, '~존스는 절대 아프지 않다'는 '존스는 가끔 아프다'로 표현할 수 있다. 그러므로 접두 기호 '~'를 단일한 부정기호로 사용하면 복잡한 문제를 상당히 단순하게 만들 수 있다. 예문 (3)에서처럼 기호 '~'는 '…인 것은 아니다'라는 구절에 상응하는 것으로 설명할 수 있다. 명제에 '…인 것은 아니다'라는 구절을 덧붙이면 어김없이 그 명제를 부정하게 되기 때문이다.

논리곱 전체를 부정하는 것과 논리곱 중 첫 번째 요소명제만 부정하는 것을 혼동하지 않으려면, 예문 (2)처럼 괄호를 사용해서 부정된 논리곱 전체를 묶어야 한다. (2)에서 괄호를 삭제해보자.

(4) ~존스가 아프다 • 스미스가 부재중이다

이렇게 괄호를 제거한 (4)는 (2)와 의미가 극단적으로 달라진다. (2)는 테마 3의 예문 (1)의 부정명제이지만, (4)는 명제 '~존스가 아프다'와 명제 '스미스가 부재중이다'의 논리곱이기 때문이다. 부정명제 (2)는 테마 3(1)이 거짓일 때, 따라서 명제 '존스가 아프다'와 명제 '스미스가 부재중이다' 둘 중 하나가 거짓이거나 또는 둘 다 거짓일 때 참이다. 반면에 논리곱 (4)는 오로지 명제 '존스가 아프다'가 거짓이고 명제 '스미스가 부재중이다'가 참인 경우에만 참이다. (2)와 (3)은 동의 어구이지만, (4)의 동의 어구는 '존스가 아프지 않고 스미스가 부재중이다'라는 문장이다.

논리곱은 한 번에 명제 두 개 혹은 그 이상을 결합하지만, 부정은 한 번에 명제 하나씩에만 적용된다. 하지만 여러 명제를 각각 부정하고 그 부정명제들을 결합해서 여러 명제를 동시에 부정할 수도 있다. 예를 들어 명제 '존스가 아프다'와 명제 '스미스가 부재중이다'를 동시에 부정해보자.

(5) ~존스가 아프다 • ~스미스가 부재중이다

이 예문을 문장으로 옮기면 아래와 같다.

존스가 아프지 않다 그리고 스미스가 부재중이 아니다.

이 문장을 더 자연스럽게 바꾸어 보자.

(6) 존스도 아프지 않고 스미스도 부재중이 아니다.

논리곱 (5)는 이 논리곱을 구성하는 부정명제 둘 다 참인 경우에만 참이다(테마 3 참고). 그러므로 (5)는 '존스가 아프다'와 '스미스가 부재중이다' 둘 다 거짓인 경우에만 참이다. 따라서 (5)와 (2)를 면밀하게 구분해야 한다. (2)는 '존스가 아프다'와 '스미스가 부재중이다' 둘 중 하나가 또는 둘 다 거짓이라면 언제나 참이다. 그저 명제 '존스가 아프다'만 거짓이라면 (2)는 참이 될 수 있지만, (5)는 참이 될 수 없다.

예문 (5)를 만들어보았으니, 이제는 두 명제뿐만이 아니라 원하는 만큼 많은 명제를 동시에 부정해서 부정명제를 만들 수 있다.

(7) ~존스가 왔다 • ~스미스가 머물렀다 • ~로빈슨이 떠났다

위의 논리곱을 문장으로 풀어보자.

(8) 존스도 오지 않았고 스미스도 머무르지 않았고 로빈슨도 떠나지 않았다.

이 논리곱은 '존스가 왔다'와 '스미스가 머물렀다', '로빈슨이 떠났다' 모두 거짓인 경우에만 참이다.

~(존스가 왔다 • 스미스가 머물렀다 • 로빈슨이 떠났다)

위의 부정명제는 '존스가 왔다'와 '스미스가 머물렀다', '로빈슨이 떠났다' 중 하나 이상이 거짓이라면 항상 참이다. 그러므로 반드시 (7)과 구분되어야 한다.

연습문제

아래의 각 예문을 최대한 자연스러운 문장으로 고쳐보시오.

~(기차가 늦게 떠났다 • ~기차가 늦게 도착했다)

~기차가 늦게 떠났다 • ~기차가 늦게 도착했다

~기차는 보통 늦게 도착한다

~대부분의 기차는 늦게 도착한다

테마 5. '또는'

가장 일반적인 의미에서, 연결사 '또는(…거나)' 혹은 '…거나 또는 …거나'로 결합하는 명제는 이 명제와 대응하는 '…도 아니고 …도 아니다' 명제가 참일 경우에만 거짓이다. 다음 명제를 살펴보자.

존스가 아프거나 또는 스미스가 부재중이다.

이 명제를 더 간단하게 바꿔보겠다.

(1) 존스가 아프거나 스미스가 부재중이다.

이 명제는 테마 4(6)이 참일 경우 거짓이다.

(2) 존스가 아프다. / 스미스가 부재중이다.

명제 (1)은 (2)의 각 명제가 모두 거짓인 경우에만 거짓이다. 그리고 (1)은 (2)의 각 명제 중 하나 이상이 참이면 항상 참이다. 기호 '•'와 '~'를 사용해서 명제 (1)을 표현하는 방법은 분명하다. (1)은 테마 4(6)의 부정명제로 표현될 수 있다. 그러므로 아래와 같이 테마 4(5)의 부정명제로도 표현될 수 있다.

(3) ~(~존스가 아프다 • ~스미스가 부재중이다)

다른 명제도 살펴보자.

(4) 존스가 왔거나 스미스가 머물렀거나 로빈슨이 떠

났다.

이 명제는 테마 4(8)의 부정명제로 해석된다. 그러므로 아래와 같이 테마 4(7)의 부정명제로도 해석될 수 있다.

(5) ~(~존스가 왔다 • ~스미스가 머물렀다 • ~로빈슨이 떠났다)

이 명제는 '존스가 왔다', '스미스가 머물렀다', '로빈슨이 떠났다' 중 하나 이상이 참이면 항상 참이다. 그리고 이 명제를 구성하는 단순명제 세 개가 모두 거짓일 경우에만 거짓이다.

하지만 일상적 담화에서 연결사 '또는'은 사실상 모순되는 의미 두 가지로 사용된다. 앞서 살펴본 예문에서 '또는'은 소위 **포괄적** 의미로 사용되었다. 그래서 '또는'으로 구성된 복합명제는 그 복합명제를 구성하는 단순명제 중 하나 이상이 참이면 항상 참이다. 하지만 '또는'은 소위 **배타적** 의미로도 사용된다. 그럴 경우, 복합명제는 오로지 그 요소명제 중 단 하나만 참이어야 참이다. '또는'을 포괄적 의미로 사용한다면, 앞서 살펴보았듯이 예문 (1)이 거짓으로 여겨지는 경우는 딱 하나뿐이다. 바로 (2)의 각 명제가 모두 거짓일 경우, 즉 테마 4(5)가 참인 경우이다. 반면에 '또는'을 배타적 의미로 사용한다면, 예문 (1)이 거짓으로 여겨지는 경우는 테마 4(5)가 참일 경우 외에 하나 더 있다. (2)의 각 명제가 모두 참인 경우, 즉 테마 3(1)이 참인 경우이다. 그러므로 '또는'을 포괄적 의미로 사용한 (1)은 테마 4(5)가 거짓이라면 항상 참이지만, '또는'을 배타적 의미로 사용한 (1)은 오직 테마 3(1)과 테마 4(5) 둘 다 거짓일 경우에만 참이다. '또는'을 포괄적 의미로 사용한 (1)은 그저 테마 4(5)의 부정명제에 해당하며 (3)과 일치한다. 반면에 '또는'을 배타적 의미로 사용한 (1)은 테마 3(1)과 테마 4(5)의 동시 부정명제에 해당한다. 이 배타적 의미의 (1)에 상응하는 명제는 다음과 같다.

(6) ~(존스가 아프다 • 스미스가 부재중이다) • ~(~존스가 아프다 • ~스미스가 부재중이다)

명제 (4)도 마찬가지다. '또는'을 포괄적 의미로 사용한 (4)는 (5)와 일치하지만, '또는'을 배타적 의미로 사용한 (4)는 아래 명제와 일치한다.

~(존스가 왔다 • 스미스가 머물렀다) • ~(존스가 왔다 • 로빈슨이 떠났다) • ~(스미스가 머물렀다 • 로빈슨이 떠났다) • ~(~존스가 왔다 • ~스미스가 머물렀다 • ~로빈슨이 떠났다)

일상적 용법에서는 문장에 '또는 둘 다 그렇다'나 '하지만 둘 다는 아니다'를 덧붙여서 '또는' 때문에 발생하는 모호함을 해결한다. 그러므로 '또는'을 포괄적 의미로 사용한 (1), 즉 (3)은 아래와 같이 분명하게 표현할 수 있다.

존스가 아프거나 스미스가 부재중이거나 둘 다 그렇다.

그리고 '또는'을 배타적 의미로 사용한 (1), 즉 (6)은 아래와 같이 분명하게 표현할 수 있다.

(7) 존스가 아프거나 스미스가 부재중이지만, 둘 다 그런 것은 아니다.

아마 '또는'은 포괄적 의미로 더 많이 쓰일 것이다.

"만약 목격자가 조항 기어가 풀려 있었거나 또는 운전자가 취해 있었다고 추측했는데, 조항 기어가 풀려 있었고 그리고 운전자가 취해 있었다는 사실이 드러난다면, 우리는 이 목격자가 실수했다고 여기지 않는다. (…) 동시에, 널리 쓰이는 '또는 둘 다 그렇다'와 '그리고/또는'이라는 표현은 〔'또는'의〕 배타적 해석을 뒷받침한다. 배타적 의미로 '또는'을 사용하는 것이 아니라면 이런 표현은 언제나 불필요하기 때문이다."* 앞으로 명제를 분석할 때 별도의 명시적 지시가 없다면 편의상 '또는'을 항상 포괄적 의미로 이해하기로 약속하자. 그러므로 (1)은 (3)과 같은 의미로 이해될 것이다. 그리고 (3) 대신 배타적 의미의 (6)을 가리킬 때는 반드시 (1)이 아니라 더 분명하게 표현한 (7)을 사용할 것이다.

'그리고'와 마찬가지로(테마 3 참고) 연결사 '또는'과 '…도 아니고 …도 아니다'는 일상적인 담화에서 명제를 연결할 때뿐만 아니라 명사와 동사, 부사 등을 연결할 때도 사용된다. 이렇게 단어를 연결하는 용법은 이 책에서 다루는 명제의 구성과 직접 관련되어 있지는 않다. 하지만 '그리

---

* 『수리 논리학』, p.12.

고'를 살펴보며 언급했듯이, 연결사 '또는'을 명사나 동사 등을 연결하는 데 사용한 형태는 대체로 명제를 연결한 형태의 축약일 뿐이다.

연습문제

---

1. 위의 예문 (2)에 포함된 각 명제가 둘 다 참이 아니라는 사실을 알고 있다고 가정하자. 이때 (1)을 긍정한다면, '또는'을 반드시 배타적인 의미로 사용해야 하는가? 그리고 (1)을 부정한다면, '또는'을 반드시 포괄적인 의미로 사용해야 하는가? 또는 논리학에 관한 기존 지식 때문에 배타적 의미와 포괄적 의미 사이에 차이가 없다는 결론에 도달하는가?

---

2. (2)의 각 명제가 둘 다 참이라는 사실을 알고 있다고 가정하자. 이때 (1)을 긍정한다면, '또는'을 반드시 포괄적인 의미로 사용해야 하는가? 그리고 (1)을 부정한다면, '또는'을 반드시 배타적인 의미로 사용해야 하는가? 논리학에 관한 지식을 바탕으로 (1)을 긍정하겠는가, 아니면 부정하겠는가? 답변해보시오.

테마 6. '하지만', '비록 …이긴 하지만', '…하지 않는 한'

테마 4와 테마 5에서 명제 연결사 '…도 아니고 …도 아니다', 포괄적 의미의 '… 또는 …', 배타적 의미의 '… 또는 … 하지만 둘 다는 아니다'를 '그리고'와 '…가 아니다'('•', '~')로 바꾸어서 표현할 수 있다는 사실을 확인했다. 그러므로 이 연결사 세 개는 이론상 불필요한 것으로 보인다. 이 연결사 세 개로 구성할 수 있는 명제는 그저 논리곱과 부정명제만으로도 구성할 수 있다. 그런데 논리곱과 부정명제를 만들기 위해 제거할 수 있는 명제 연결사는 위에서 언급한 세 개뿐만이 아니다. 쉽게 살펴볼 수 있는 또 다른 제거 가능한 연결사로는 '하지만'과 '비록 …이긴 하지만'을 들 수 있다.

명제 연결사 '하지만'과 '비록 …이긴 하지만'은 곧바로 '그리고'로 대체할 수 있다. 다음 복합명제를 살펴보자.

(1) 존스가 여기에 <u>있지만</u> 스미스가 아프다.

연결사를 '비록 …이긴 하지만'으로 바꾸어서 다시 표현하면 다음과 같다.

(2) 비록 스미스가 아프긴 하지만 존스가 여기에 있다.

위 두 명제를 간단히 표현하면 다음과 같다.

(3) 존스가 여기에 있고 스미스가 아프다.

명제 (1)과 (2)가 참인 경우는 명제 (3)이 참인 경우와 정확히 똑같다. (1), (2), (3) 모두 '존스가 여기에 있다'와 '스미스가 아프다' 둘 다 참일 경우에만 참이다. '그리고'가 아니라 '하지만'이나 '비록 …이긴 하지만'을 사용하는 경우는 오로지 수사적 목적을 고려할 때다. '하지만'은 보통 대조를 강조하기 위해 사용되며, '비록 …이긴 하지만'은 대조가 극명해서 놀라울 정도일 때 사용된다. '여기에 있음'과 '병실에 있음'은 대조적이기 때문에 예문 (1)에서 '하지만'을 사용했다. 그런데 만약 존스가 보통 때에는 아픈 스미스의 침대 맡을 지킨다면, 예문 (2)에서처럼 '비록 …이긴 하지만'을 사용할 것이다. '그리고'와 '하지만', '비록 …이긴 하지만' 중 무엇을 사용하더라도 명제의 진릿값은 달라지지 않는다. 이는 논리곱에서 요소명제들의 순서를 바꾸더라도 그 논리곱의 진릿값은 달라지지 않는다는 사실과 유사하다(테마 3 참고). 우리는 연결사 '그리고'와 '하지만', '비록 …이긴 하지만' 중 하나를 선택할 때 대체로 수사 효과를 고려해서 결정한다. 그러나 논리학에서 중요한 의미 차이는 명제의 진릿값에 영향을 주는 의미 차이뿐이다. 그러므로 논리적 분석을 위해서 '하지만'과 '비록 …이긴 하지만'은 '그리고'로 대체될 수 있다.

연결사 '…하지 않는 한(… 않으면)' 역시 '그리고'와 '…가 아니다'로 대체될 수 있다. 다음 명제를 살펴보자.

(4) 네가 스미스에게 연락<u>하지 않으면</u> 스미스는 물건을 팔 것이다.

이 명제는 네가 스미스에게 연락하고 스미스가 물건을 팔지 않는 경우 참이다. 그리고 네가 스미스에게 연락하지 않고 스미스가 물건을 파는 경우에도 참이다. 하지만 네가 스미스에게 연락하지 않았는데도 스미스가 물건을 팔지 않는 경우에는 거짓이다. 그러므로 (4)는 '네가 스미스에게 연락하다'라는 사건과 '스미스가 물건을 팔다'라는 사건 둘 중 하나가 발생하리라는 사실을 단언한다. 그런데 저 두 사건이 모두 일어난다면 어떻게 될까? 즉, 네가 스미스에게 연락했지만 (사실 물건을 팔라고 연락해서) 스미스가 물건을 판다면? 이런 상황에서도 (4)를 참으로 여겨야 할까? 만약 (4)를 여전히 참으로 여긴다면, 이때 '…하지 않는 한(… 않으면)'은 포괄적 의미의 '또는'과 일치한다. 즉, (4)를 구성하는 명제 중 하나가 참이거나 모두 참이면 (4)는 항상 참이다. 그리고 요소명제가 둘 다 거짓인 경우에만 (4)가 거짓이다. 반면에 네가 스미스에게 연락했는데도 스미스가 물건을 판 상황에서 (4)를 거짓으로 여긴다면, 이때 '…하지 않는 한(…하지 않으면)'은 배타적 의미의 '또는'과 일치한다. 그래서 (4)는 요소명제 중 오직 하나만 참일 경우에만 참이다. 만약 '…하지 않는 한(… 않으면)'을 배타적 의미의 '또는'으로 해석하는 사람이 있다면, 실제로는 (4)에 부연 설명을 덧붙여서 '네가 물건을 팔지 말라고 연락하지 않으면 스미스는 물건을 팔 것이다'로 표현할 것이다.

연결사 '…하지 않는 한'은 '또는'과 일치하는 것처럼 보인다. 심지어 포괄적 의미와 배타적 의미를 모두 지니는 '또는'의 모호함까지 공유하는 것 같다. 하지만 포괄적 의미로 쓰이든 배타적 의미로 쓰이든, '…하지 않는 한'은 '그리고'와 '…가 아니다'로 대체될 수 있다. 이미 테마 5에서 포괄적 의미의 '또는'과 배타적 의미의 '또는'을 삭제하는 방법을 살펴보았다. 어쨌거나 예문으로 연습할 때는 '또는'의 경우와 마찬가지로(테마 5 참고) '…하지 않는 한'을 대개 포괄적 의미로 이해하기로 약속해서 모호함을 피하는 편이 편리할 것이다.

위에서 살펴본 '하지만'과 '그리고'의 수사적 효과가 다른 것처럼 '…하지 않는 한'과 '또는'의 수사적 효과도 틀림없이 다르다. '또는'보다 '…하지 않는 한'을 더 선호하는 경우는 다음 두 가지와 같다. 복합명제에서 조건에 해당하는 첫 번째 명제보다 결과에 해당하는 두 번째 명제를 더 강조해야 한다고 느낄 때, 그리고 첫 번째 명제보다 두 번째 명제가 더 진실일 가능성이 클 때이다. 그리고 명제를 미래 시제로 나타낼 때도 '…하지 않는 한'을 사용하는 경향이 있다. 그런데 '…하지 않는 한'과 '또는'이 미래 시제에 적용되었을 때 문법적으로 사소한 차이가 발생한다는 사실도 알아두자. 예를 들어, 예문 (4)에서 '…하지 않는 한(…하지 않으면)' 대신 '또는'을 사용한다면 '연락을 하(지 않)다' 대신 '연락을 할 것이다'로 바꾸어야 한다. 하지만 명제를 논리적으로 분석할 때는, 오직 시기를 명확하게 언급할 때만 시제의 차이가 드러난다고 가정해서 시제와 관련된 어떠한 특수한 문제든 완전히 없애는 것이 가장 간편하다(테마 2 참고).

연습문제

아래 명제에 나오는 '또는'을 '…하지 않는 한(…하지 않으면)', '하지만', '비록 …이긴 하지만'으로 대체하는 것이 자연스러워 보이는 상황은 각각 무엇이겠는가?

그는 책상에 앉아 있거나 점심을 먹고 있다.

테마 7. '만약 …라면'

(1) 만약 호크쇼가 나를 봤다면, 그렇다면 그 일은 다 끝장났다.

토비가 (1)과 같이 말했다면, 그는 그 일이 끝장났다고 단언하는 것이 아니다. 만약 호크쇼가 토비를 보지 않았고 그 일이 끝장나지 않은 것으로 드러난다면 토비는 자신이 실수했다고 생각하지 않는다. 하지만 만약 호크쇼가 토비를 보았지만 아직 그 일이 끝장나지 않았다면 토비는 흔쾌히 실수를 인정할 것이다. 명제 (1)은 '호크쇼가 나를 봤다'와 '그 일이 다 끝장나지 않았다'가 동시에 참인 상황을 배제할 뿐이다. 즉, 명제 (1)은 토비가 아래의 논리곱을 믿지 않는다는 사실을 말해준다.

(2) 호크쇼가 나를 봤다 • ~그 일은 다 끝장났다

그러므로 토비는 (1)을 단언하는 대신 그저 (2)를 부정해서 똑같은 뜻을 말할 수 있다. (2)의 부정은 다음과 같다.

(3) ~(호크쇼가 나를 봤다 • ~그 일은 다 끝장났다)

이런 식으로 명제 연결사 '만약 …라면, 그렇다면 …이다'를 삭제하고 '그리고'와 '…가 아니다'를 대신 사용할 수 있다.

토비는 명제 (1)이 참이라는 믿음〔다시 말해 (2)가 거짓이라는 믿음〕의 근거를 이론상 세 가지 방식 중 하나로 제시할 수 있다. 첫 번째, 토비는 단순히 호크쇼가 자기를 보지 않았다고 믿을 수 있다. 이런 이유로 논리곱 (2)는 당연히 거짓이 된다. 두 번째, 토비는 단순히 일이 이미 다 끝장났다고 믿을 수 있다. 이런 이유로도 논리곱 (2)는 당연히 거짓이 된다. 세 번째, 토비는 호크쇼가 자기를 보았는지 아니면 그 일이 끝장났는지 확신이 없지만, 호크쇼가 자기를 보면 일이 끝장나버리는 인과 관계나 일반 법칙이 존재한다고 믿을 수 있다. 그런데 사실상 위의 상황 세 가지 중에서 첫 번째와 두 번째 상황은 (1)이 참이라고 판단할 만한 그럴듯한 이유가 못 된다. 왜냐하면, 첫 번째 상황에서 토비는 간단히 '호크쇼가 나를 보지 못했다'라고만 말함으로써 조금 더 간결하고 정확하게 상황을 전달할 수 있고, 두 번째 상황에서는 '그 일이 다 끝장났다'라고 말함으로써 똑같은 효과를 거둘 수 있기 때문이다. 그러므로 조건 명제(conditional), 즉 '만약 …라면, 그렇다면 …이다'를 사용한 명제는 보통 위의 세 번째 상황과 같은 경우에만 참이라고 여겨진다. 다시 말해, 대개 조건 명제는 오직 요소명제들의 진릿값을 모르는 경우에만 참이라고 여겨진다.

이런 상황에서 조건 명제를 예문 (3)과 같은 형태로 바꾸는 데 반대하는 사람도 있다. 그리고 반대하는 이유로 조건 명제는 요소명제들 사이에 인과 관계나 심리적 관련성이 있다는 사실을 함축하지만, 예문 (3)은 요소명제들 사이에 그러한 관련성이 없다는 사실을 함축하기 때문이라고 설명한다. 하지만 이런 반대는 설득력이 거의 없다. 단 하나의 요소명제만 참인지 거짓인지 명백히 판별할 수 있는 (1)을 참이라고 여길 이유가 없는 것처럼 (3)을 참이라고 여길 이유도 없기 때문이다. 사실, (1)과 마찬가지로 (3)은 명제 사이에 존재한다고 여겨지는 인과 관계나 다른 일반 법칙에 근거했을 때만 참으로 여겨질 것이다. 통상적으로 (1)에서나 (3)에서나 이 관계는 명제를 참이라고 판단할 이유(motivation)에 관여할 것이다. 만약 호크쇼가 토비를 보았지만 그를 알아보지 못했고 게다가 토비의 일이 탈세처럼 호크쇼와 전혀 관련 없는 문제로 끝장나버렸다고 하더라도, 명제 (1)은 우연의 일치로 여전히 참이다. 토비는 그저 잘못된 근거로 참을 말한 것이다.

'…거나 또는 …거나'에서 '또는 …거나'가 불필요하듯(테마 5 참고), '만약 …라면, 그렇다면 …이다'에서 '그렇다면 …'도 물론 불필요하다. 그러므로 (1)은 다음과 같이 의미는 똑같지만 더 자연스러운 문장으로 바꿔 쓸 수 있다.

(4) 만약 호크쇼가 나를 봤다면, 그 일은 다 끝장났다.

게다가 조건 명제에서 '만약 …라면'이 언제나 똑같은 요소명제 앞에 놓인다면, 요소명제의 순서는 중요하지 않다. 그러므로 다음 명제는 (4)와 똑같은 명제이다.

(5) 그 일은 다 끝장났다, 만약 호크쇼가 나를 봤다면.

하지만 아래 명제는 (4)와 같은 명제가 아니다.

(6) 만약 그 일이 다 끝장났다면, 호크쇼가 나를 본 것이다.

'…하는 경우에만(… 해야만)'은 '만약 …라면'의 반대이다. 조건 명제 한 요소명제에 '…하는 경우에만'을 덧붙이는 것은 다른 요소명제에 '만약 …라면'을 덧붙이는 것과 똑같다. 예를 들어 다음 복합명제를 살펴보자.

(7) 호크쇼가 나를 보는 경우에만 그 일이 다 끝장난다.

이 복합명제는 (5)가 아니라 (6)과 같은 명제이다. (5)는 (2)라는 상황만 배제한다. 하지만 (7)은 아래 명제에 나오는 상황만 배제한다.

(8) 그 일이 끝장난다 • ~호크쇼가 나를 보았다

가끔 아래 예문처럼 연결사 '만약 …라면'과'…하는 경우에만'을 함께 사용하여 '그러면, 그리고 그런 경우에만'으로 표현하기도 한다.

(9) 호크쇼가 나를 본다면, 그리고 그런 경우에만 그 일이 다 끝장난다.

물론, 이 명제는 (5)와 (7)을 결합한 논리곱을 축약한 것이다. (5)는 (2)의 부정명제 (3)과 일치하고, (7)은 (8)의 부정명제와 일치한다. 그러므로 (9)를 다음과 같이 기호를 사용해서 표현할 수 있다.

~(호크쇼가 나를 봤다 • ~그 일은 다 끝장났다) • ~(그 일이 끝장났다 • ~호크쇼가 나를 보았다)

이 논리곱은 (2)와 (8)이라는 상황을 모두 배제한다. 즉, '호크쇼가 나를 보았다'와 '그 일이 끝장났다'의 진릿값이 서로 다른 두 가지 경우를 배제한다. 다시 말해, (9)는 요소명제들의 진릿값이 모두 같은 경우에만, 즉 요소명제 모두 참이거나 모두 거짓일 경우에만 참이다. '그리고'로 연결된 복합명제는 그 요소명제들이 모두 참인 경우에만 참이다. '또는'으로 연결된 복합명제는 그 요소명제들이 모두 거짓인 경우에만 거짓이다. 반면에 복합 연결사 '그러면, 그리고 그런 경우에만'으로 연결된 복합명제는 그 요소명제들의 진릿값이 일치하는 경우에만 참이다.

그저 표현의 다양성을 위해 '만약 …라면' 대신 다른 수많은 표현을 사용하기도 한다는 사실을 알아두자. 가장 흔히 사용하는 말은 '…하는 경우에'와 '가령 …한다면'일 것이다. 그리고 복합 연결사 '그러면, 그리고 그런 경우에만'은 '…한 경우에 한해서'과 뜻이 같다.

연습문제

아래 명제 (1)을 '만약 …라면', '…하는 경우에만', '…하지 않는 한', '또는', '…도 아니고 …도 아니다'를 각각 사용하여 문장으로

풀어써 보라.

(1) ~(~매너데일은 좋은 투자 대상이다 • ~존스의 추측이 틀렸다)

힌트 '만약 …라면'과 '…하는 경우에만'을 사용해서 문장으로 바꾸려면, (1)에 포함된 부정명제 각각을 전부 위의 본문에 실린 예문 (1)이나 (7)의 요소명제 중 하나에 상응하는 단 하나의 단위로 생각해야 할 것이다.

테마 8. 일반 조건 명제와 가정법 조건 명제

테마 7의 내용 때문에 조건 명제 형태가 일반적인 법칙을 표현할 때도 사용된다는 사실을 잊어서는 안 된다. 예를 들어보자.

(1) 만약 내가 무언가에 관심을 보이면 조지는 그것을 따분하게 여긴다.

'내가 관심을 보이다'와 '조지가 따분하게 여기다' 사이의 밀접한 관련성은 테마 7에서 보았듯 (1)을 참으로 판단할 이유와 관련 있을 뿐만 아니라 (1)의 내용과도 관련 있다. 사실 (1)이 그러한 관련성을 직접 긍정한다.

그런데 중요한 것은 일반 조건 명제(general conditional)라고 할 수 있는 (1)이 테마 7(1)과 근본적으로 다르며, (1)은 테마 7에서 다룬 순수한 조건 명제가 아니라는 사실이다. (1)의 특성은 다음과 같이 표현을 바꾸면 더 분명하게 보인다.

(2) 무엇을 선택하든, 내가 그것에 관심을 보이면 조지는 그것을 따분하게 여긴다.

이 명제는 조건 명제 단 하나만이 아니라, '만약 내가 …에 관심을 보이면, 조지는 그 …을 따분하게 여긴다'라는 형태를 한 조건 명제의 무한한 집합을 가리킨다. 이 무한한 집합에 속하는 조건 명제의 예문을 제시해본다면 다음과 같다.

만약 내가 하키에 관심을 보이면 조지는 하키를 따분하게 여긴다.

그리고 무한한 집합에 포함되는 조건 명제 각각은 여전히 테마 7에서 살펴본 방법으로 해석하고 다음과 같이 기호를 사용해서 표현할 수 있다.

> ~(내가 하키에 관심을 보인다 • ~조지가 하키를 따분하게 여긴다)

예문 (2)에서 '내가 관심을 보인다'와 '조지가 따분하게 여기다' 사이의 관련성은 단순히 '만약 …라면' 구조 때문이 아니라 이 구조가 문장 앞의 '무엇을 선택하든'이라는 일반성 표현과 결합했기 때문에 드러난다. 이 일반성 표현은 양화를 다루는 3장 테마 34와 테마 35에서 다룰 것이다.

테마 7에서 살펴본 '만약 …라면'과 근본적으로 다르게 사용된 '만약 …라면'의 예는 다음 예문에서 확인할 수 있다.

> (3) 만약 지금 후버가 대통령이<u>라면</u>, 미국은 전쟁 중일 것이다.

이 명제를 구성하는 문장은 가정법으로 표현되었다. 직설법으로 표현한 통상적 조건 명제는 요소명제들의 참과 거짓을 모르는 경우에만 사용되는 경향이 있다(테마 7 참고).

반면에 (3)과 같은 가정법 조건 명제는 첫 번째 요소명제가 틀림없이 거짓이라고 여겨지는 경우에만 사용된다. 만약 (3)을 테마 7에서 언급한 방식대로 분석한다면, 단순히 '지금 후버가 대통령이다'가 거짓이라는 사실을 고려해서 조건 명제 전체를 명백하게 참으로 해석해야 한다('지금'은 물론 이 책을 집필한 '1940년'으로 이해한다). 하지만 이런 분석은 이치에 맞지 않는다. (3)이 참인지 거짓인지는 사실상 정치학에서 격렬하게 논쟁할 만한 내용이며, 후버가 대통령이 아니고 미국이 전쟁 중이 아니라는 지식은 이런 논쟁을 해결하는 데 아무런 도움도 되지 않는다.

테마 3에서 테마 7까지 살펴본 명제를 구성하는 방법은 복합명제의 진릿값이 오로지 그 요소명제들의 진릿값에만 의존한다는 의미에서 **진리 함수적**(truth-functional)이다. 요소명제 하나를 진릿값이 같은 다른 명제로 바꾸어도, 복합명제의 진릿값은 영향을 받지 않는다. 하지만 (3)과 같은 가정법 조건 명제는 진리 함수적이지 않다. 이때는 요소명제들의 진릿값 때문에 복합명제의 진릿값은 미정으로 남는다. (3)이 참인지 거짓인지 결정하려면 우선 '지금 후버가 대통령이다'와 '미국이 전쟁 중이다'라는 명제의 누구나 다 아는 진릿값을 무시하고, 다양한 정치학 문헌을 검토하고,

역사 속 유사 사례를 관찰하고, 정치나 경제 분야에서 적절한 인과 법칙을 발견해야 할 것이다.

우리는 테마 7에서 직설법 조건 명제는 보통 그 명제의 인과 관계를 고려해서 참이라고 판단하더라도 언제나 진리 함수적으로 해석될 수 있다는 사실을 확인했다. 즉, 조건 명제는 그 요소명제 중 '만약 …라면'이 덧붙은 명제가 참이고 '그러면 …이다'가 덧붙은 명제가 거짓인 경우에만 거짓으로 해석될 수 있다.* 하지만 가정법 조건 명제의 진릿값은 인과 관계에 의존한다. 즉, 가정법 조건 명제에 인과 관계가 존재하느냐 존재하지 않느냐에 따라서 그 조건 명제는 참이 되거나 거짓이 된다.

진리 함수적 명제 구성에서 벗어난 이 변칙은 논의 대상에서 제외할 수 있다. 가정법으로 표현한 문장은 **명제**가 아니기 때문이며(테마 2 참고), 따라서 예문 (3)처럼 '만약 …라면'으로 문장을 결합하더라도 이 방식은 결코 **명제** 구성이 아니기 때문이다. 그러나 한편으로는 가정법 조건 명제를 논의 대상에서 제외하는 일은 그저 문법을 두고 트집 잡

---

* '만약 …라면'이 덧붙은 명제는 '전건(antecedent)', '그렇다면 …이다'가 덧붙은 명제는 '후건(consequent)'이라고 한다.

는 것뿐이라는 비판도 가능하며, (3)은 당연히 '후버가 (1940년에) 대통령이다'와 '미국이 전쟁 중이다'가 결합한 복합명제로 여겨질 수 있다는 주장도 가능하다. 그리고 이 경우 명제를 구성하는 방법론이 단지 '만약 …라면'을 적용하는 것이 아니라 '만약 …라면'을 적용하고 동사를 가정법으로 바꾸는 것이라고 주장할 수도 있다.

연습문제

---

1. 아래 문장을 각각 일반 조건 명제로 바꾸고, 일반 조건 명제 각각에 해당하는 통상적 조건 명제(테마 7에서 다룬 조건 명제)**의 예를 들어보시오.**

(1) 사람은 언젠가 죽는다.

(2) 하늘은 스스로 노력하는 자를 돕는다.

(3) 온 세상은 사랑에 빠진 사람을 사랑한다.

---

2. (1), (2), (3)의 관용어는 모두 일반 조건 명제와 뜻이 같다. 이와 같은 관용어는 얼마나 더 있는가?

테마 9. '왜냐하면 …이기 때문에', '따라서', '…라는 것을'

명제 연결사 중에는 진리 함수적이지는 않지만 직설법으로 표현되는 진짜 명제에 적용되는 연결사도 있다. 그중 하나가 '왜냐하면 …이기 때문에'이다. 다음 명제를 살펴보자.

(1) 존스는 키니네가 필요하다. **왜냐하면** 그는 말라리아에 걸렸기 **때문**이다.

이 명제가 참이려면, '존스가 키니네가 필요하다'와 '존스가 말라리아에 걸렸다' 모두 참이어야 한다. 하지만 이것만으로는 충분하지 않으며, 이 명제의 내용과 관련된 일반 법칙도 참이어야 한다(테마 8 참고). 참인 단순명제를 '왜냐하면 …이기 때문에'로 결합해서 복합명제를 만들면, 그 복합명제 중 일부는 참이 되지만 일부는 거짓이 된다. '왜냐하면 …이기 때문에'로 연결한 복합명제가 참이려면, 요소명제가 모두 참이어야 할 뿐만 아니라 각 요소명제가 설명하는 내용 사이에 일종의 인과 관계도 존재해야 한다.

'왜냐하면 …이기 때문에'와 같은 뜻으로 사용할 수 있는 연결사로는 '왜냐하면 …이므로'와 '… 때문에'가 있다.

'왜냐하면 …이기 때문에'와 똑같은 뜻이지만 요소명제 순서를 반대로 놓아야 하는 연결사는 '…그리고 따라서'이다. '…그리고 따라서'를 사용해서 (1)과 의미가 같은 명제를 만들어보자.

(2) 존스는 말라리아에 걸렸고 따라서 키니네가 필요하다.

이 명제는 진리 함수적 성분을 구분해주는 장점이 있다. '따라서'를 생략한 (2)가 참이 되려면, '존스가 말라리아에 걸렸다'와 '존스가 키니네가 필요하다'가 참이기만 하면 된다. 그러나 '따라서'를 삽입하면 인과 관계를 요구하는 비(非)진리 함수적 요소가 추가된다.

이렇게 명제에 추가된 비진리 함수적 요소는 '… 그리고 따라서'와 '왜냐하면 …이기 때문에'를 '그리고'와 구별해준다. 그런데 이 요소는 '하지만'과 '비록 …이긴 하지만'을 '그리고'와 구별해주는 단순한 수사적 요소와 근본적으로 다르다(테마 6 참고). '그리고' 대신 '하지만'이나 '비록 …이긴 하지만'을 사용하면 명제를 더 혹은 덜 자연스럽게 표현할 수 있지만, 절대로 명제의 진릿값을 바꾸지는 못한다.

반면에, '그리고' 대신 '… 그리고 따라서'나 '왜냐하면 … 이기 때문에'를 사용하면 명제의 진릿값을 참에서 거짓으로 바꿀 수 있다.

'…라는 것을'이라는 표현도 진리 함수적 유형과 다르다. 이 표현을 사용하면 복합명제의 진릿값은 그 명제를 구성하는 단순명제들의 진릿값과 관계없이 달라진다. 다음 명제를 살펴보자.

존스는 파리가 프랑스에 있다<u>는 것을</u> 믿는다.

존스는 푸나카가 부탄에 있다<u>는 것을</u> 믿는다.

이때 '파리가 프랑스에 있다'와 '푸나카가 부탄에 있다'는 모두 참이지만, 위의 두 명제는 각각 참과 거짓일 수 있다. 다른 예문도 살펴보자.

존스는 푸나카가 네팔에 있다<u>는 것을</u> 믿는다.

존스는 파리가 일본에 있다<u>는 것을</u> 믿는다.

이때 '푸나카가 네팔에 있다'와 '파리가 일본에 있다'는 모두 거짓이지만, 위의 두 명제는 각각 참과 거짓일 수 있다. '믿는다' 대신 '의심하다', '말하다', '부정하다', '안타깝게 여기다', '놀라다' 등을 사용해도 결과는 비슷하다.

표준 논리의 전체 체계 어디에서도 명제 구성의 비진리 함수적 유형을 체계적으로 분석하지 않는다. 또한, 비진리 함수적 명제 복합체(compound of statements)의 진릿값을 결정하는 데 쓰일 일반적 기법도 개발하지 않는다. 오히려 비진리 함수적 유형의 개별 예시는 개별적인 문제를 제시하고 개별적인 해결책을 요구하는 경향이 있다. 별개의 사례 분석은 비진리 함수적 요소를 제거하는 것과 같다. 즉, 주어진 비진리 함수적 명제 복합체가 실현하는 목적을 어떻게 진리 함수적 명제들을 조합하고 명제 구성의 영역에 포함되지 않는 추가 요소를 결합해서(예를 들어 테마 8의 일반 조건 명제나 테마 26, 테마 27, 테마 43, 테마 46에서 다루는 함의) 똑같이 실현할 수 있을지 보여주려고 한다. 그리고 유용한 비진리 함수적 명제 복합체가 전부 어떤 방식으로든 제거될 수 있기를 기대한다. 다만 정확한 제거 방식은 명제뿐만 아니라 맥락과 실질적 상황마다 다를 것이다. 이런 분석 방법의 엄격성과 정확성은 새롭게 만들어낸 표현에서 비진리 함수적 유형의 명제 복합체가 제거된 정도로 측정할 수 있다. 이론상으로는 이미 오래전에 순수 수학의 전 영역에서 비진리 함수적 명제 복합체를 모두 제거했다.

비진리 함수적 명제 복합체에 관해서는 일반적인 사항을 언급했으니 이 정도로만 하고 다른 주제로 넘어가자. 이 분야에서 새로운 길을 내고 오래된 장애물(사실상, 대의와 이상이라는 철학적 문제만큼 상당히 많다)을 극복해야 주목할 만한 진전이 있을 것이다.

연습문제

'그리고'를 사용하는 복합명제 중 '그리고'를 '왜냐하면 …이기 때문에'로 바꾸면 진릿값이 참에서 거짓으로 바뀌는 복합명제를 만들어보시오. 또한, '그리고'를 사용하는 복합명제 중 '그리고'를 '왜냐하면 …이기 때문에'로 바꾸면 진릿값이 여전히 참이지만, '… 그리고 따라서'로 바꾸면 진릿값이 참에서 거짓으로 바뀌는 복합명제를 만들어보시오.

테마 10. 논리곱과 부정명제로 단순화하기

테마 3에서 테마 7까지 살펴본 진리 함수적 명제 구성 방식은 오직 논리곱과 부정명제만으로 바꾸어서 표현될 수 있는 것처럼 보였다. 사실, 이제까지 살펴본 방법뿐만 아니라 가능한 진리 함수적 명제 구성 방식 모두 마찬가지이다. 명제가 진리 함수적 방식으로 구성되는 한, 다시 말해 복합명제의 요소명제 어떤 것이든 진릿값이 일치하는 다른 명제로 대체하더라도 그 복합명제의 진릿값이 달라지지 않는 한, 복합명제 전체를 오직 논리곱과 부정명제만으로 구성해서 뜻이 동일한 명제로 바꿀 수 있다.* 그러므로 진리 함수적 명제 구성법 중 논리곱과 부정명제를 유일한 기본 방법으로 간주할 수 있다. 그리고 어떠한 진리 함수적 복합명제든 논리적으로 분석하기에 앞서서 해당 복합명제를 먼저저 두 기본 방법으로 바꾸어서 표현해야 한다고 간주할 수도 있다. 이 방식에는 테마 2에서 언급한 분석 기법을 고안할 때 오직 논리곱과 부정명제만 고려하면 된다는 장점이 있다.

---

* Cf. 『수리 논리학』, 테마 8-테마 9.

'그리고', '…가 아니다', '또는', '만약 …이라면', '…하지 않는 한' 등을 여러 차례 사용해서 단순명제를 결합한 복합명제 중 어떤 것이 주어지든, 테마 3부터 테마 7까지 제시된 방식대로 연결사만 각각 다시 쓰면 된다. 결국, 연결사를 모두 논리곱을 만드는 '•'와 부정명제를 만드는 '~'로 바꾸면 된다. 복잡한 테마 2의 예문 (5)로 연습해보자. 우선, 테마 2(5)를 구성하는 단순명제 테마 2(6)부터 테마 2(12)까지를 각각 'J', 'S', 'C', 'T', 'A', 'M', 'D'로 줄여서 표현하겠다. 그러면 테마 2(5)는 다음과 같다.

(1) 만약 J 또는 S라면 C 그리고 T 하지 않는 한 A도 아니고 M 그리고 D도 아니다.

그런데 우리는 테마 7에서 '만약 p라면 q이다' 형태의 복합명제(이때 'p'와 'q'는 어떤 명제로든 대체될 수 있다)를 '~(p • ~q)'로 변환하기로 정했다. 이제 '만약 p라면 q이다' 형태가 포함된 (1)을 다시 바꾸어 보자.

(2) ~(J 또는 S • ~ C 그리고 T 하지 않는 한 A도 아니고 M 그리고 D도 아니다)

그다음, 테마 5에서 제시했던 방식대로 '또는'을 대체할 수 있다. 그러면 'J 또는 S'는 '~(~J • ~S)'가 된다.

(3) ~(~(~J • ~S) • ~ C 그리고 T 하지 않는 한 A도 아니고 M 그리고 D도 아니다)

단어로 표현된 나머지 부분에는 'q 하지 않는 한 p이다' 형태가 포함되어 있다. 이때 'p'는 'A도 아니고 M 그리고 D도 아니다'에 해당하며, 'q'는 'C 그리고 T'에 해당한다. 그런데 테마 6에서 보았듯이, ('…하지 않는 한'을 포괄적 의미로 해석한다면) 'q 하지 않는 한 p이다'는 'p 또는 q'로, 즉 '~(~p • ~q)'로 전개할 수 있다. 그러므로 (3)은 다음과 같이 바꿀 수 있다.

(4) ~(~(~J • ~S) • ~~(~ A도 아니고 M 그리고 D도 아니다 • ~ C 그리고 T))*

---

* (4)에서 마지막으로 나오는 '~'은 'C'만이 아니라 'C 그리고 T' 모두에 해당한다는 사실을 알아두자. 이 내용은 테마 12에서 다시 다룰 것이다.

테마 4에서 보았듯이, 'p도 아니고 q도 아니다'는 '~p • ~q'로 표현할 수 있다. 따라서 'A도 아니고 M 그리고 D도 아니다'는 '~A • ~ M 그리고 D'가 된다.

(5) ~(~(~J • ~S) • ~~(~(~A • ~ M 그리고 D) • ~ C 그리고 T))

(5)에서 논리곱 '~A • ~ M 그리고 D'는 괄호로 묶어야 한다는 사실을 알아두자. 이 논리곱 전체가 부정 기호를 적용할 대상이며, 괄호는 보통 논리곱에 적용된 부정 표기법의 일부이기 때문이다(테마 4 참고). 마지막으로 'M 그리고 D'와 'C 그리고 T'는 논리곱 기호를 사용해서 'M • D'와 'C • T'로 표현할 수 있다. 그리고 'M • D'와 'C • T'는 논리곱 전체가 부정 기호를 적용할 대상이기 때문에 각각 괄호로 묶어주어야 한다. 따라서 ' • '과 '~'를 사용해서 (1)을 표현하면 다음과 같이 완성된다.

(6) ~(~(~J • ~S) • ~~(~(~A • ~(M • D)) • ~(C • T)))

연습문제

위에서 예문 (3)을 (4)로 바꿀 때 '…하지 않는 한'을 포괄적 의미로 해석했다. 만약 배타적 의미로 해석한다면, (4), (5), (6)은 어떻게 달라져야 하겠는가?

테마 11. 무리 짓기

테마 10(1)이나 테마 2(5) 같은 일상적 언어와 비교했을 때, 테마 10(6)처럼 기술적인 표기법은 괄호로 내용을 분류해서 무리 짓는(grouping) 체계적이고 명확한 방식이라는 큰 장점이 있다. '예쁜 작은 소녀 캠프(pretty little girls' camp)'라는 구절을 살펴보면 일상 언어의 결함이 잘 드러난다. 이 구절은 아래와 같이 세 가지로 해석할 수 있다.

예쁜 (작은 (소녀 캠프))

예쁜 ((작은 소녀) 캠프))

(예쁜 (작은 소녀)) 캠프)

또한, 'pretty'가 '예쁘다'라는 뜻이 아니라 '꽤(rather)'라는 뜻으로 쓰였다면, 다음과 같이 두 가지로 해석할 수 있다.

(꽤 작은)(소녀 캠프)

((꽤 작은) 소녀) 캠프

테마 10(1)처럼 복잡한 복합명제를 기호로 표현할 때, 전체 과정의 거의 모든 단계에서 요소명제들을 어떻게 나누고 무리 지을지 결정해야 한다. 예를 들어 테마 10(4)를 테마 10(5)로 바꾸는 과정을 살펴보자. 이때 다음 복합명제를 어떻게 해석할지 결정해야 한다.

(1) A도 아니고 M 그리고 D도 아니다.

즉, (1)이 연결사 '…도 아니고 …도 아니다'를 사용해서 'A'와 'M 그리고 D'를 결합한 것인지 아니면 연결사 '그리고'를 사용해서 'A도 아니고 M도 아니다'와 'D'를 결합한 것인지 해석해야 한다. 이 해석 두 가지는 서로 전혀 다르다. 첫 번째로 해석한다면, (1)은 'A'와 'M 그리고 D'가 둘 다 거짓일 경우에 참이다. 따라서 (1)은 'M 그리고 D' 중 최소한 하나와 'A'가 거짓이면 항상 참이다. 반면에 두 번째로 해석한다면, (1)은 'A도 아니고 M도 아니다'와 'D'가 둘 다 참인 경우에만 참이다. 따라서 (1)은 'A'와 'M'은 모두 거짓이고 'D'는 참인 경우에만 참이다. (1)을 첫 번째 방식대로 해석하면 '~A • ~(M • D)'이 되고, 두 번째 방식대로 해석하면 단순명제 3개로 결합합 논리곱 '~A • ~M • D'이 된다.

사실, 우리는 테마 10(4)를 테마 10(5)로 바꿀 때 두 해석본 중 첫 번째를 선택했다. 이때 임의로 선택하지 않고, 뚜렷한 단서를 근거로 삼아 선택했다. 원래 문장인 테마 2(5)에서 'M'과 'D'는 겹치는 부분이 생략된 채 '책임자들이 만<u>나서</u> 배당금을 발표하지도 않을 것이다'라는 절로 압축되어 있다. 따라서 'M'과 'D'라는 요소명제가 **모두** 연결사 '…도 않다'에 종속된 논리곱으로 함께 묶여 있다는 사실이 분명하다.

테마 10(3)을 테마 10(4)로 바꿀 때도 비슷한 선택 과정을 거쳐야 한다. 다음 복합명제를 어떻게 해석해야 하는지 살펴보자.

(2) A도 아니고 M 그리고 D도 아니다 C 그리고 T 하지 않는 한.*

(neither A nor M and D unless C and T)

(2)는 연결사 '…하지 않는 한'을 사용해서 (1)과 'C 그리고 T'를 결합한 복합명제로 해석할 수도 있고, 연결사 '…도 아니고 …도 아니다'를 사용해서 'A'와 'M 그리고 D도 아니다, C 그리고 T 하지 않는 한'으로 해석할 수도 있다. 즉,

---

* 다른 예문에서 살펴볼 수 있듯, (2)의 자연스러운 한국어 어순은 'C 그리고 T 하지 않는 한 A도 아니고 M 그리고 D도 아니다'이다. 그러나 이 경우는 이해를 돕기 위해 한국어 어순과는 반대인 원문의 영어 어순대로 문장을 표기하고 분석했다. 다음 단락인 테마 10(1)을 테마 10(2)로 바꾸는 과정을 설명하는 내용도 원문의 영어 어순을 참고하면 이해하기 쉽다.
즉, '만약 존스가 아프거나 스미스가 부재중이라면 로빈슨이 정신을 차리고 직접 문제를 해결하지 않는 한 아르고스 계약도 체결되지 않을 것이고 책임자들이 만나서 배당금을 발표하지도 않을 것이다.' 대신 'If Jones is ill or Smith is away then neither will the Argus deal be concluded nor will the directors meet and declare a dividend unless Robinson comes to his senses and takes matters into his own hands.'를 참고하면 된다.

테마 2(5)에서 'C 그리고 T 하지 않는 한'과 연결되는 절을 'A', 'M', 'D' 모두 포함하는 '아르고스 계약도 체결되지 않을 것이고 책임자들이 만나서 배당금을 발표하지도 않을 것이다' 전체로 볼 것인지, 아니면 'M'과 'D'만 포함하는 '책임자들이 만나서 배당금을 발표하지도 않을 것이다'로 볼 것인지가 문제다. 적절한 해석을 선택하려면, 원래 명제를 충분히 이해하며 읽고 가장 개연성 높은 발화 의도를 추측해야만 한다. 우리는 테마 10(3)을 테마 10(4)로 바꿀 때 첫 번째 해석을 선택했지만, 두 번째 해석을 선택했더라도 똑같이 타당했을 수도 있다.

문장의 단어를 기호로 다시 쓰는 첫 번째 단계에서도, 즉 테마 10(1)을 테마 10(2)로 바꿀 때도 요소명제들을 분류해서 무리 짓는 과정을 거쳐야 한다. 우리는 테마 10(1)을 '만약 p라면 q이다'라는 복합명제로 해석할지(이때 'p'는 'J 또는 S'에 해당하고, 'q'는 명제의 나머지에 해당한다), 아니면 'q 하지 않는 한 p'라는 복합명제로 해석할지(이때 'p'는 '만약 J 또는 S라면 A도 아니고 M 그리고 D도 아니다'에 해당하고, 'q'는 'C 그리고 T'에 해당한다) 결정해야 한다. 다시 말해, 우리는 테마 2(5)를 다음 두 가지로 해석할 수 있으며 그중 하나를 선택해야 한다. 첫 번째, 테마 2(5)는 '만약 존스가 아프거나 스미스가 부재중이라면'이라는 한 묶음과 '로빈슨이 정신을 차리고 직접 문제를 해결하지 않는 한 아르고스 계약도 체결되지 않을 것이고 책임자들이 만나서 배당금을 발표하지도 않을 것이다'라는 한 묶음으로 구성된다. 그리고 '…하지 않는 한'의 내용은 '아르고스 계약도 체결되지 않을 것이고 책임자들이 만나서 배당금을 발표하지도 않을 것이다'에만 영향을 미친다. 두 번째, 테마 2(5)는 '로빈슨이 정신을 차리고 직접 문제를 해결하지 않는 한'이라는 한 묶음과 '만약 존스가 아프거나 스미스가 부재중이라면 아르고스 계약도 체결되지 않을 것이고 책임자들이 만나서 배당금을 발표하지도 않을 것이다'라는 한 묶음으로 구성된다. 그리고 '…하지 않는 한'의 내용은 나머지 문장 전체에 영향을 미친다. 독자 여러분은 테마 2(5)를 읽고 아마도 첫 번째 해석이 더 자연스럽다고 생각할 것이다. 즉, '만약 존스가 아프거나 스미스가 부재중이라면'이라는 가정이 나머지 문장 전체에 영향을 준다고 해석해야 가장 자연스러울 것이다.

연습문제

---

1. '예쁜/꽤 작은 소녀 캠프(pretty little girls' camp)'의 의미 다섯 가지

를 명쾌하면서도 가능한 한 자연스럽게 설명해보시오. (단, 괄호를 사용하지 말 것)

---

2. 최근 매사추세츠 케임브리지에 '3번째 시기 집회 불가(No Third Term Rally)'라는 공화당 정치 집회 소식이 공고되었다. 이 어구의 내용을 다양하게 분류해서 서로 다른 의미를 총 몇 가지 파악할 수 있겠는가? 그리고 각 의미를 명쾌하고 자연스럽게 설명해보시오.

테마 12. 무리 짓기를 위한 언어적 단서

테마 11에서 보았듯이, 일상 언어에서는 발화자가 의도한 내용 분류를 추측해야 하거나 체계적이지 못한 단서로 추론해야 할 때가 있다. 그런 단서 중 하나는 테마 11의 3번째 단락에서 테마 10(4)를 테마 10(5)로 바꾸는 과정을 설명하며 언급했다. 물론 단서는 이 외에도 여러 가지가 있다.

'만약 …라면, 그렇다면'이라는 표현의 경우, 이 연결사가 적용되는 복합명제 중 첫 번째 요소명제의 경계를 언제나 분명하게 정할 수 있다. 첫 번째 요소명제는 반드시 '만약'에서 시작해서 '그렇다면' 앞에서 끝나기 때문이다.

'…도 아니고 …도 아니다'도 비슷한 방식으로 요소명제의 경계를 정할 수 있다. 영어에서는 '…거나 또는 …거나(either … or …)'도 마찬가지로 요소명제 간 경계를 명확히 정할 수 있다. '…거나 또는 …거나'가 더 간단한 동의어 '또는(or)'보다 더 자주 사용되는 것도 연결사가 적용되는 명제의 경계를 분명하게 확인할 수 있다는 이유 때문인 듯하다. 예를 들어 굉장히 모호한 아래 예문을 살펴보자. 이해를 위해 원문을 병기하겠다.

(1) 존스가 왔고 스미스가 머물렀거나 로빈슨이 떠났다.

(Jones came and Smith stayed or Robinson left.)

이 명제는 '존스가 왔고 스미스가 머물렀다'와 '로빈슨이 떠났다'가 '또는'으로 연결된 명제로도 해석할 수 있고, '존스가 왔다'와 '스미스가 머물렀거나 로빈슨이 떠났다'가 '그리고'로 연결된 명제로도 해석할 수 있다. 그리고 이 두 해석은 의미가 전혀 다르다. 그러면 '…거나 또는 …거나'를 사용해서 첫 번째 해석을 표현해보겠다.

(2) 존스가 왔고 스미스가 머물렀거나, 또는 로빈슨이 떠났다.

(Either Jones came and Smith stayed or Robinson left.)

두 번째 해석도 마찬가지로 표현해보자.

(3) 존스가 왔고, 그리고 스미스가 머물렀거나 로빈슨이 떠났다.

(Jones came and either Smith stayed or Robinson left.)

'…거나 또는 …거나'가 적용된 복합명제에서 첫 번째 요소명제는 'either'에서 시작하여 '또는' 앞에서 끝나므로, (2)와 (3)은 모호하지 않다. 영어에서는 'either'와 마찬가지로, '그리고'로 결합되는 첫 번째 요소명제 앞에 '둘 다(both)'를 추가하면 모호함을 피할 수 있다.

명제에 아무 의미 없는 구절 '그리고 …라는 것은 사실이다'를 덧붙이고 '…라는 것'을 하나 더 추가하여 형식을 맞추어서 무리 짓기를 위한 단서를 얻기도 한다. 예를 들어 보자.

(4) 존스가 왔거나 스미스가 머물렀고 로빈슨이 떠났다.

이 모호한 문장은 다음처럼 바꾸어서 해결할 수 있다.

(5) 존스가 왔거나 스미스가 머물렀다는 것 그리고 로빈슨이 떠났다는 것은 사실이다.

(It is the case that Jones came or Smith stayed and that Robinson left.)

(5)에서 두 번 사용된 '…라는 것'은 분명히 동격이라는 사실을 추론할 수 있으며, 두 번째 '…라는 것' 절, 즉 '로빈슨이 떠났다는 것'은 '그리고'로 연결된 복합명제의 두 번째 요소명제라는 사실을 파악할 수 있다. 그러므로 첫 번째 '…라는 것' 절, 즉 '존스가 왔거나 스미스가 머물렀다는 것'은 '그리고'로 연결된 복합명제의 첫 번째 요소명제이며 '그리고' 앞에서 끝난다고 판단할 수 있다. 따라서 (5)를 '존스가 왔거나 스미스가 머물렀다'와 '로빈슨이 떠났다'가 결합한 논리곱으로 해석할 수 있다. 그런데 (5)의 '사실이다' 앞에 '둘 다'를 삽입하면 더 확실하고 분명하게 발화자

의 의도대로 요소명제들을 무리 지을 수 있을 것이다.

때로는 '…가 아니다' 대신 사용하는 '하지만 …라는 것은 아니다'라는 표현이 순전히 이 장황한 길이로 무리 짓기의 단서를 제공하기도 한다. 다음 복합명제를 살펴보자.

> 존스가 왔다 하지만 스미스가 머물렀고 로빈슨이 떠났다는 것은 아니다.
>
> (Jones came but it is not the case that Smith stayed and Robinson left.)

이 복합명제는 명백히 '하지만' 복합명제 혹은 논리곱으로 해석된다. 이 논리곱에서 첫 번째 요소명제는 '존스가 왔다'이며 두 번째 요소명제는 '스미스가 머물렀고 로빈슨이 떠났다'의 부정명제다. '하지만 …라는 것은 아니다'라는 표현은 아주 장황해서, 발화자가 이 기다란 표현을 단순히 짧은 절 '로빈슨이 떠났다'가 아니라 더 긴 절 '스미스가 머물렀고 로빈슨이 떠났다'에 적용할 의도였다는 사실을 암시한다. 만약 발화자가 오직 '로빈슨이 떠났다'만 부정하고 싶었다면, '로빈슨이 떠났다는 것은 아니다' 대신 '로빈슨은 떠나지 않았다'라고 표현했을 것이다.

장황한 표현과 마찬가지로, 명제에 무의미해 보이는 다른 단어를 추가해도 복합명제의 요소명제들을 분류하고 무리 지을 단서를 암시하는 효과를 거둘 수 있다. 예를 들어, '그리고' 뒤에 '그뿐만 아니라'나 '게다가'를 덧붙이기도 하고 '또는(…거나)' 뒤에 '아니면'을 덧붙이기도 한다. (5)로 더 정확하게 표현했던 모호한 복합명제 (4)의 의미는 아래 명제에서도 꽤 정확하게 표현될 수 있다.

(6) 존스가 왔거나 스미스가 머물렀고 그뿐만 아니라 로빈슨이 떠났다.

그리고 (4)의 또 다른 의미, 즉 '존스가 왔다'와 '스미스가 머물렀고 로빈슨이 떠났다'가 '또는'으로 연결된 복합명제의 의미는 아래와 같이 표현될 수 있다.

(7) 존스가 왔거나 아니면 스미스가 머물렀고 로빈슨이 떠났다.

연결사 '그리고 그뿐만 아니라'와 '또는(…거나) 아니면'은 '그리고'와 '또는'보다 문장을 더 확실하게 나누기 때문에 우리는 (6)을 '또는' 복합명제를 첫 번째 요소명제로 삼는 '그리고' 복합명제로, (7)을 '그리고' 복합명제를 두 번째 요소명제로 삼는 '또는' 복합명제로 해석하는 경향이 있다.

연습문제

아래의 (1)과 (2) 중에서 (3)과 의미가 같은 명제는 무엇인가? 혹은 (3)은 완전히 모호한 명제인가? (1)과 (2)는 어떻게 각각 분명하고 자연스러운 문장으로 바꿀 수 있겠는가?

(1) ~(~(러트거스가 우승할 것이다 • 호바트가 2등이 될 것이다) • ~짐스키는 실격할 것이다)

(2) 러트거스가 우승할 것이다 • ~(~호바트가 2등이 될 것이다 • ~짐스키는 실격할 것이다)

(3) 러트거스가 우승할 것이다 그리고 호바트가 2등이 될 것이다 짐스키가 실격하지 않는 한.
(Rutgers will get the pennant and Hobart will be runner-up unless Rzymski is disqualified.)

테마 13. 명제 내부 바꿔 쓰기

이제까지 살펴보았듯이, 테마 2(5) 같은 복잡한 복합명제를 논리곱과 부정명제만으로 이루어진 복합명제로 바꾸는 일은 발화자가 요소명제들을 어떻게 분류해서 무리 짓기로 의도했는지 파악하는 일과 어느 정도 같다. 그런데 언어적 단서나 추측에 의지해 요소명제들을 이런저런 방식으로 무리 짓기로 결정하면, 끝까지 그 방식을 고수하도록 주의해야 한다. 우리는 테마 10(1)을 테마 10(2)로 바꾸기 전에, 테마 10(1)의 다음 일부를 어떻게 해석할 것인지 먼저 결정했다.

(1) A도 아니고 M 그리고 D도 아니다, C 그리고 T 하지 않는 한.*

(niether A nor M and D unless C an T)

우리는 (1)을 '만약 p라면 q이다'라는 복합명제에서 'q'에

* 테마 11(2)에 관한 역주에서 언급했듯이, 테마 13(1)도 원래 영어 어순대로 표현하자면 'A도 아니고 M 그리고 D도 아니다, C 그리고 T 하지 않는 한'이다.

해당하는 단 하나의 단위로 해석했다. 그리고 '만약 p라면 q이다'를 '~(p • ~q)'로 표현하는 규칙을 적용해서 테마 10(1)을 테마 10(2)로 바꾸어서 표현했다. 테마 10(2)에서는 '~(p • ~q)'의 'q'에 해당하는 (1)에 부정 기호 '~'를 적용했다. 그런데 '~(p • ~q)'에서 'q'에 적용된 부정 기호는 'q' 전체에 적용된 것처럼, (1)에 적용된 부정 기호도 (1) 전체에 적용되었다는 사실을 기억하는 것이 중요하다. (1)에 부정 기호를 적용하면 다음과 같이 나타낼 수 있다.

(2) ~ A도 아니고 M 그리고 D도 아니다, C 그리고 T 하지 않는 한.

이때 (1) 전체에 '~'가 적용되었다고 이해하지 않고 '~ A도 아니고 M 그리고 D도 아니다'와 'C 그리고 T'가 연결사 '…하지 않는 한'으로 결합했다고 이해한다면, 나머지 단계에서 분명히 실수를 저지를 것이다.

테마 10(3)을 테마 10(4)로 바꾸고 나서도 마찬가지로 조심해야 한다. 테마 10(3)을 테마 10(4)로 바꾸는 단계에서 위의 (1)은 'q 하지 않는 한 p' 형태이며, 이때 'q'는 'C 그리고 T'에 해당한다고 해석한다. 그리고 'q 하지 않는 한

p'는 '~(~p • ~q)'로 표현한다는 법칙에 따라서 'C 그리고 T' 전체에 부정 기호가 적용된다. 이는 '~(~p • ~q)'의 '~q'에서 부정 기호가 'q' 전체에 적용되는 것과 같다. 그러므로 테마 10(4)의 '~ C 그리고 T'를 'C 그리고 T'의 부정명제가 아니라 '~C'와 'T'의 논리곱이라고 이해한다면 나머지 단계에서도 분명히 실수를 저지를 것이다.

간단한 바꿔 쓰기(paraphrasing) 법칙을 준수한다면 위와 같은 혼란을 피할 수 있다. **첫 번째, 전체 복합명제의 중심 연결사부터 기호로 바꿔 써라. 두 번째, 언어 텍스트에서 논리 기호로 분할된 나머지 부분의 중심 연결사를 기호로 바꿔 써라. 세 번째, 명제 구성에 남은 언어적 표현이 사라질 때까지 계속 해서 기호로 바꿔 써라.** 이 법칙에서 '논리 기호'는 오로지 '~', '•', '(', ')'만을 가리킨다. 그리고 언어 텍스트(즉, 논리 기호를 포함하지 않는 텍스트)에서 논리 기호로 분할된 부분은 이 부분의 앞뒤에 논리 기호가 있거나, 또는 한쪽에 논리 기호가 있고 다른 한쪽에서 전체 맥락이 시작하거나 끝나는 경우를 가리킨다.

그래서 테마 10에서 테마 2(5)를 기호로 다시 쓸 때 가장 먼저 테마 10(1)의 중심 연결사, 즉 '만약 …라면 …이다'를 가려냈다. 다시 말해, 테마 10(1) 전체가 '만약 p라면

q이다' 형식이라고 해석했다. 그러고 나서 '만약 p라면 q이다'를 논리곱과 부정명제로 바꾸어 표현하는 법칙에 따라서 테마 10(1)을 테마 10(2)로 바꾸어 표현했다. 두 번째 단계로, 테마 10(2)에서 논리 기호로 분할된 나머지 언어 텍스트를 선택하고 이 부분의 중심 연결사를 기호로 변환했다. 실제로, 테마 10(2)에서 논리 기호 '('와 '•'로 분할된 'J 또는 S'를 선택하고 연결사를 기호로 바꿔 써서 테마 10(3)을 만들어냈다. 그다음 세 번째 단계로 테마 10(3)에서 논리 기호 '~'와 ')'로 분할된 나머지 언어 텍스트인 위의 (1)을 선택했다. 그리고 (1)의 중심 연결사를 기호로 바꿔서 테마 10(4)를 만들었다. 계속해서 이런 방식으로 테마 10(5)와 테마 10(6)을 만들어냈다. 바꿔 쓰기 법칙을 고려해볼 때, 테마 10(1)을 테마 10(6)으로 바꾸어 나가는 과정에서 'J 또는 S'를 다시 쓰는 두 번째 단계와 위의 (1)을 다시 쓰는 세 번째 단계는 순서가 바뀌더라도 괜찮을 것이다. 하지만 바꿔 쓰기 법칙에 따르면, 더 긴 언어적 부분인 (1)보다 'A도 아니고 M 그리고 D도 아니다'를 먼저 기호로 변환해서는 안 된다. 'A도 아니고 M 그리고 D도 아니다'는 테마 10의 (4)에서야 논리 기호로 분할된다. 그러므로 테마 10(4)를 테마 10(5)로 바꾸는 단계에서만 'A도 아니고 M

그리고 D도 아니다'의 연결사를 기호로 바꿀 수 있다. 이 논리에 따르면, 위의 (2)를 '~ A도 아니고 M 그리고 D도 아니다'와 'C 그리고 T'가 연결사 '…하지 않는 한'으로 결합한 복합명제로 이해하는 오류는 특히나 자동으로 배제할 수 있다. 앞서 언급한 법칙에 따르면, 테마 10(2)에 포함된 언어적 부분 (1)을 하나의 단위로 보고 기호로 변환해야 한다. 그리고 (2) 앞에 덧붙은 '~'는 문맥상 고정된 채 아무런 효력도 발휘하지 않는 요소이며 (1)의 내부에 있는 연결사를 기호로 바꿔 쓰는 과정에서는 아무런 역할도 맡지 않는다.

위와 같은 방식으로 테마 10(4)의 '~ C 그리고 T'를 '~C'와 'T'의 논리곱으로 취급하는 오류 역시 자동으로 배제된다. 바꿔 쓰기 법칙에 따르면, 언어 텍스트와 기호가 모두 포함된 부분 '~ C 그리고 T'가 아니라 언어적 부분 'C 그리고 T'를 기호로 바꿔 써야 한다. (2)에서처럼, '~ C 그리고 T'의 앞에 있는 '~'는 문맥상 고정된 채 아무런 효력도 발휘하지 않는 요소이며 'C 그리고 T'의 내부에 있는 연결사를 기호로 변환하는 과정에서는 아무런 역할도 맡지 않는다.

그러므로 바꿔 쓰기 법칙은 논리 기호로 분할되는 언

어적 부분은 어떤 것이든 대체로 하나의 단위로 취급해야 한다고 자동으로 규정한다. 테마 10(4)의 'C 그리고 T'는 '~'에 종속된 하나의 단위로 취급해야 하며, 테마 10(2)에 포함된 (1) 역시 마찬가지이다.

하지만 보충 법칙 **'언어적 부분을 기호로 결합한 논리곱으로 바꿔 쓸 때, 해당 부분이 '~' 바로 다음에 온다면 그 부분 전체를 괄호로 묶어라'** 역시 중요하다. 이 보충 법칙이 적용된 예시는 테마 10의 마지막 단계를 들 수 있다. 테마 10(5)에서 'C 그리고 T'를 'C • T'로 변환하고 괄호로 묶지 않는다면, 바로 앞 문단에서 언급한 'C 그리고 T'를 하나의 단위로 취급해야 한다는 규정이 깨진다. '~C • T'는 우리가 피해야 할 '~C 그리고 T'와 정확히 똑같기 때문이다. 테마 10(4)에서 'A도 아니고 M 그리고 T도 아니다'와 테마 10(5)에서 'M 그리고 D'도 마찬가지이다. 'A도 아니고 M 그리고 T도 아니다'는 '(~A • ~ M 그리고 D)'로, 'M 그리고 D'는 '(M • D)'로 바꿔 써야 한다. 'A도 아니고 M 그리고 D도 아니다'와 'M 그리고 D' 바로 앞에 나오는 '~' 때문에 각각 괄호가 필요하다.

연습문제

1. 다음 문장을 각각 논리곱과 부정명제로 바꿔 쓸 때 서로 구분할 수 없는 문장은 무엇인가?

만약 이 호수가 북쪽으로 흘러나가지 않는다면, 우리는 브라질이 아니라 아마존 분지에 있다.

이 호수가 북쪽으로 흘러나가거나, 그렇지 않으면 우리가 브라질이 아니라 아마존 분지에 있다.

이 호수가 북쪽으로 흘러나가지 않는다는 것과 만약 우리가 아마존 분지에 있다면 곧 브라질에 있다는 것은 둘 다 사실이 아니다.

2. 다음 문장을 논리곱과 부정명제로 바꿔보시오.

새로운 통신 판매 캠페인이 드립스위트의 독점을 무너뜨리고 자유로운 경쟁을 회복시켜주지 않는 한 존스는 차를 팔고 집을 저당 잡힐 것이다.

만약 고산 지역 사람들이 저항하고 식민지 주민이 추가적 침입에 항의하면 국경선을 소프 항구로 옮길 것이지만, 식민 총독부에서 송환 지시가 곧 떨어지지 않는 한 항구는 여전히 군사 정권의 지배를 받을 것이다.

2장 진리 함수적 변형

테마 14. 진리 함수적 도식의 치환

지금까지 우리는 테마 1에서 언급했던 다양한 논리적 표현 중에서 오로지 일부 표현만 명제 연결사로, 특히 진리 함수적 연결사로 간주했다. 복합명제를 구성하는 단순명제가 진리 함수적 연결사로 결합되는 유형을 쉽게 말해 복합명제의 **진리 함수적 구조**(true-functional structure)라고 할 수 있다. 그러므로 진리 함수적 구조는 논리적 구조의 일부다(테마 1 참고). 그런데 오로지 논리적 구조 때문에 참인 명제는 논리적으로 참이라고 하므로(테마 1 참고), 오로지 진리 함수적 구조 때문에 참인 명제는 **진리 함수적으로 참**(true-functional true)이라고 할 수 있다. 따라서 진리 함수적 참은 논리적 참의 특수 사례이다. 진리 함수적 동치(true-functional equivalence)와 진리 함수적 함의(true-functional implication) 역시 논리적 동치와 논리적 함의의 특수 사례라고 할 수 있을 것이다.* 하지만 이런 개념은 빈틈없이 다듬어져야 하고 관련 기법도 개발되어야 한다. 예를 들어서, 복합명제 하나를 다른 방식으로 결합한 진리 함수적 동치로 변형하는 기법이 필요하다. 새로운 복합명제가 원래 복합명제보다 더 간단하고 분명하다면, 이 변형 기법은 분명히 실용적일 것이다.

테마 10부터 테마 13까지 명제 대신 '만약 p라면 q이다'나 '∼(p • ∼q)'를 사용한 것처럼, 명제 대신 'p'나 'q' 같은 문자를 사용하면 진리 함수적 구조를 더 쉽게 다룰 수 있다. 'p'나 'q' 같은 문자 그 자체에는 아무런 의미가 없으므로, 이 방법은 복합명제의 각 단순명제에 담긴 구체적 의미는 모두 제거하고 복합명제의 구조를 추상적인 형태로 제시한다. 그러므로 '∼(p • ∼q)'는 다음 복합명제 두 개의 공통된 진리 함수적 구조를 나타낼 수 있다.

---

* 『수리 논리학』에서는 진리 함수적 참을 '항진명제(tautology)'로, 진리 함수적 동치는 '항진명제적 동치(tautologous equivalence)'로, 진리 함수적 함의는 '함진명제적 함의(tautologous implication)'로 불렀다.

~(모든 붙박이 가구 3개가 원래 있던 것이다 • ~옷장은 가치 있다)

~(경고판이 붙어 있지 않았다 • ~주인이 법적 책임을 져야 한다)

위의 첫 번째 복합명제는 ~(p • ~q)' 형식 중 'p'가 '모든 붙박이 가구 3개가 원래 있던 것이다'로, 'q'가 '옷장은 가치 있다'로 치환(substitution)되었고, 두 번째 복합명제는 'p'가 '경고판이 붙어 있지 않았다'로, 'q'가 '주인이 법적 책임을 져야 한다'로 치환되었다.

문자 'p', 'q', 'r', 's'나 아래 첨자를 덧붙인 'p1', 'p2', 'q1', 'qn'을 **명제 문자**(statement letter)라고 하겠다. 이 명제 문자, 그리고 논리곱과 부정명제로 구성할 수 있는 표현 전체를 **진리 함수적 도식**(truth-functional schema)이라고 하겠다. 그러므로 진리 함수적 도식에는 'p', 'q', '~p', '~~p', 'p • q', 'p • p', '~p • q', 'p • ~q', '~(p • ~q)', '~(~(p • q) • r)' 등이 있다. 이런 표현에는 아무런 뜻이 없다. 이 표현은 진리 함수적 구조를 일반적으로 검토할 때 사용하는 식(diagram)일 뿐이다.

앞 단락에서 잠깐 언급한 치환이라는 개념은 **삽입**(introduction)이라는 보조 개념을 사용해서 분명하게 표현할 수 있다. 어떤 도식의 특정한 자리에 놓인 명제 문자 L의 자리에 명제 혹은 진리 함수적 도식 S를 삽입한다는 것은 L 대신 그 자리에 S를 놓는 것과 같다. 그런데 S가 논리곱이고 L 바로 앞에 '~'가 있다면 먼저 S를 괄호로 묶어야 한다. 'q • ~(~r • q)'에서 두 번째 'q'의 자리에 도식 '~(p • ~q)'를 삽입하면 다음과 같다.

q • ~(~r • ~(p • ~q))

그런데 'q • ~(~r • ~q)'에서 두 번째 'q' 자리에 'p • ~q'를 삽입하더라도 위와 같은 결과가 나온다. 다른 예로, '~p'의 'p' 자리에 명제 '존스가 아프다'를 삽입하면 '~존스가 아프다'가 된다.

(1) 존스가 아프다 • 스미스가 부재중이다.

이 (1)을 '~p'의 'p' 자리에 삽입하면 다음과 같다.

(2) ~(존스가 아프다 • 스미스가 부재중이다)

그리고 '~(p • ~q)'의 'q' 자리에 '존스가 아프다'를 삽입하면 다음과 같다.

(3) ~(p • ~존스가 아프다)

공교롭게도 위의 (3)은 명제도 진리 함수적 도식도 아니다. 이렇게 도식에 명제를 삽입하면 명제 또는 (3)과 같은 혼합 표현을 만들어낼 수 있다.

주어진 도식 S에서 문자를 명제나 도식으로 치환하는 것은 다음 규칙에 따라서 해당 문자가 놓인 자리에 명제나 도식을 삽입하는 것과 같다. (a) 어느 문자가 있는 자리 한 군데에 삽입되는 명제나 도식은 무엇이든지 S 전체에서 그 문자의 다른 자리에도 모두 삽입된다. (b) 치환의 최종 결과는 명제이거나 진리 함수적 도식이다.

'p • ~(p • q)'에서 'p'를 '존스가 아프다'로, 'q'를 '스미스가 부재중이다'로 치환하면 다음 명제가 된다.

(4) 존스가 아프다 • ~(존스가 아프다 • 스미스가 부

재중이다)

'p • q'에서 'p'를 '존스가 아프다'로, 'q'를 (2)로 치환해도 (4)와 같은 명제가 된다. 'p • ~q'에서 'p'를 '존스가 아프다'로, 'q'를 (1)로 치환해도 (4)와 같은 명제가 된다. 'p • ~(q • r)'에서 'p'를 '존스가 아프다'로, 'q'를 '존스가 아프다'로, 'r'을 '스미스가 부재중이다'로 치환해도 (4)와 같은 명제가 된다. 그러므로 서로 다른 문자 'p'와 'q'를 '존스가 아프다'라는 똑같은 명제로 치환해서는 안 된다는 규칙은 없다. 반면에 'p • ~(p • p)'라는 도식은 (4)로 치환할 수 없다. 규칙 (a)를 고려했을 때, 첫 번째와 두 번째 'p'에 '존스가 아프다'를 삽입하고 세 번째 'p'에 '스미스가 부재중이다'를 삽입하는 것은 치환이라고 할 수 없다. 다른 예시도 살펴보자.

존스가 아프다 • ~존스가 아프다 • 스미스가 부재중이다

위의 명제는 'p • ~q'를 치환해서는 얻을 수 없다. 'q'를 괄호로 묶지 않은 (1)로 대체하는 것은 치환이 아니다.

도식 치환은 명제 치환과 유사하다. 'p • ~(p • q)'에서 'p'를 도식 'p • q'로, 'q'를 'r'로 치환하면 다음 도식과 같다.

(5) p • q • ~(p • q • r)

문자를 도식으로 치환하면 도식은 다른 도식으로 변하고, 문자를 명제로 치환하면 도식은 명제로 변한다.

두 개 이상의 도식에서 문자를 명제나 도식으로 동시 치환(joint substitution)하는 것은 다음 규칙에 따라 모든 도식에서 해당 문자의 자리에 명제나 도식을 삽입하는 것과 같다. (a′) 어느 문자가 있는 자리 한 군데에 삽입되는 명제나 도식은 무엇이든지 해당 도식 전체에서 그 문자의 다른 자리에도 모두 삽입된다. (b′) 치환의 최종 결과는 명제이거나 진리 함수적 도식이다. 명제 (4)와 아래의 명제 (6)을 예로 들어 살펴보자.

(6) ~(존스가 아프다 • 스미스가 부재중이다 • ~로빈슨이 여기에 있다)

명제 (4)와 (6)은 각각 아래의 도식을 치환한 결과다.

(7) p • ~(p • q) / ~(p • q • ~r)

즉, 'p'를 '존스가 아프다'로, 'q'를 '스미스가 부재중이다'로, 'r'을 '로빈슨이 여기에 있다'로 동시에 치환했다. 도식 (5)와 아래 도식 (8)을 예로 들어서 한 번 더 살펴보자.

(8) ~(p • q • r • ~p)

도식 (5)와 (8)은 (7)의 도식 각각에서 'p'를 'p • q'로, 'q'를 'r'로, 'r'을 'p'로 동시에 치환한 결과다.

도식 두 개를 각각 치환해서 얻을 수 있는 특정 표현은 그 도식 두 개를 동시 치환해서는 얻지 못할 수도 있다. 예를 들어, (4)는 'p • ~(p • q)'를 치환해서 얻을 수 있고 (6)은 '~(r • q • ~p)'를 치환해서 얻을 수 있다. 하지만 'p • ~(p • q)'와 '~(r • q • ~p)'를 동시에 치환해서는 (4)와 (6)을 얻을 수 없다.

연습문제

---

1. 다음 중 '~(p • ~(p • q) • ~r)'를 치환해서 얻을 수 있는 도식은

무엇인가? 그리고 그 이유를 설명하시오.

(1) ~(p • q • ~(p • q • r • s) • ~r • s)

(2) ~(~p • ~(~p • ~p) • ~p)

(3) ~(~(p • q) • ~~(p • q) • ~(p • q))

(4) ~(~q • ~(~q • ~q • q) • ~q)

(5) ~(~(q • ~r) • ~(~(q • ~r) • ~q • r) • ~(q • ~r))

---

2. 만약 1번 문제에서 (1)을 올바른 답이라고 골랐다면, 아래 (6)의 도식 각각을 동시 치환했을 때 (1)과 함께 치환 결과가 될 수 있는 새로운 도식을 제시하시오. 그리고 (2), (3), (4), (5)에 대해서도 마찬가지로 새로운 도식을 제시하시오.

(6) ~(p • ~(p • q) • ~r) / ~(r • ~(p • s • r))

테마 15. 실례

도식을 치환해서 얻을 수 있는 명제(테마 14 참고)는 그 도식의 실례(instance 또는 치환 실례substitution instance)라고 한다.

따라서 테마 14(4)는 도식 'p• ~(p•q)', 'p•q', 'p• ~q', 'p• ~(q•r)' 각각의 실례다. 또한, 테마 14(4)는 명백히 'p'의 실례이기도 하다. 명제는 어떤 것이든 아무 명제 문자의 실례가 될 수 있다. 반면에 테마 14(5)는 'p • ~(p•q)'나 그 어떤 도식의 실례도 아니다. 테마 14(5)는 명제가 아니기 때문이다.

도식 하나를 치환해서 다른 도식을 만들 때, 예를 들어 'q• ~r'을 치환해서 'p• ~(p•q)'를 만들 때, 새로운 도식의 실례가 되는 명제는 모두 원래 도식의 실례다. 어떤 예시를 들어서 살펴보더라도 확실하게 알 수 있다. 테마 14(4)를 예로 들어보자. 'p• ~(p•q)'에서 'p'를 '존스가 아프다'로, 'q'를 '스미스가 부재중이다'로 치환하면 테마 14(4)라는 실례를 얻을 수 있다. 그리고 'q• ~r'에서 'q'를 '존스가 아프다'로, 'r'를 '존스가 아프다 • 스미스가 부재중이다'로 치환하더라도 테마 14(4)라는 실례를 얻을 수 있다. 하지만 도식 'q• ~r'의 실례가 전부 'p• ~(p•q)'의 실례가 될 수는 없다는 사실을 알아둬야 한다. 예를 들어 다음 명제를 살펴보자.

존스가 아프다 • ~스미스가 부재중이다

위 명제는 'p • ~(p • q)'의 실례가 아니라 'q • ~r'의 실례다.

여러 도식을 동시 치환해서 얻을 수 있는 똑같은 수의 명제들(테마 14 참고)은 각 도식의 **대응 실례**(corresponding instance)라고 한다. 그러므로 테마 14(4)와 테마 14(6)은 테마 14(7)에 있는 각 도식의 대응 실례다. 만약 도식 두 개에 공통으로 포함된 문자가 없다면, 당연히 각 도식을 어떻게 치환하든 동시 치환이 될 것이다. 따라서 이런 경우 각 도식의 실례는 어떤 것이든 대응 실례가 될 것이다. 예를 들어, 'p • ~q'의 실례와 '~r'의 실례는 어떤 것이든 두 도식의 대응 실례가 된다. 사실상 아무 명제 두 개는 어떤 것이든 아무 명제 문자 두 개의 대응 실례가 될 수 있다.

도식 두 개를 동시에 치환해서 새로운 도식 두 개를 만들 때, 새로운 도식의 대응 실례는 무엇이든 원래 도식의 대응 실례가 될 것이다. 이것 역시 어떤 예시를 들어서 살펴보더라도 분명하게 확인할 수 있다. 테마 14(7)에 있는 도식 두 개는 각각 도식 'q • ~r'과 '~(r • ~p)'에서 'p'를 'r'로, 'q'를 'p'로, 'r'을 'p • q'로 치환한 결과다. 따라서 테마 14(7) 도식의 대응 실례인 테마 14(4)와 테마 14(6)은 기존 도식 'q • ~r'과 도식 '~(r • ~p)'에서 'p'는 '로빈슨이 여기에 있다'로, 'q'는 '존스가 아프다'로, 'r'은 '존스가 아프다 • 스미스가 부재중이다'로 동시 치환해서 얻을 수 있다.

연습문제

---

1. 만약 테마 14의 연습문제 1번에서 (1)을 올바른 답으로 골랐다면, (1)의 실례인 명제를 제시하고 어떻게 도식 '~(p • ~(p • q) • ~r)'을 그 명제로 치환할 수 있는지 설명하시오. 또한, '만약 …라면, 그렇다면…'과 '…하지 않는 한' 등을 사용해서 그 명제를 가능한 한 자연스러운 일상 언어로 바꾸어 보시오. 그리고 (2), (3), (4), (5)에 대해서도 마찬가지로 답해보시오.

---

2. 테마 14의 연습문제 2번에서 (6)의 도식을 동시 치환해서 얻은 새로운 도식 한 쌍의 대응 실례 한 쌍을 제시하시오. 또한, 어떻게 (6)의 도식을 해당 대응 실례 명제로 동시 치환할 수 있는지 설명하시오. 그리고 그 명제를 일상 언어로 바꾸어서 표현하시오.

---

3. 다음 두 명제를 논리곱과 부정명제로 바꾼다면, 테마 14의 연습문제 2번 (6) 도식 각각의 실례가 되겠는가? 또 대응 실례가 될 수 있겠는가? 설명해보시오.

만약 경비원이 원고에게 총을 쏘았지만 그에게 미리 경고했다면, 원고에게 어느 정도 책임이 있다.

만약 원고에게 어느 정도 책임이 있다면, 경비원과 계산 담당 직원, 원고 모두 어느 정도 책임이 있다.

테마 16. 동치 도식

진릿값이 서로 다른 대응 실례가 없는 두 도식은 동치가 될 것이다. 다음 두 도식을 보자.

(1) p • q / q • p

위의 두 도식은 동치다. 이 두 도식의 대응 실례는 어떤 것이든 그저 논리곱 하나와 요소명제의 순서만 바꾼 똑같은 논리곱으로 이루어진 한 쌍일 뿐이며, 요소명제의 순서 차이는 논리곱의 진릿값에 아무런 영향을 미치지 않기 때문이다.

(2) p • ~p / q • ~q

위의 두 도식 역시 동치다. ‘p • ~p’의 실례는 어떤 것이든 명제 하나와 그 명제의 부정명제가 결합한 논리곱일 것이다. 그리고 이 요소명제 두 개의 진릿값은 서로 반대일 것이므로 그 논리곱은 거짓이 될 것이다. 따라서 ‘p • ~p’의 실례는 모두 거짓이다. 같은 방식으로 ‘q • ~q’를 추론해보면 ‘q • ~q’의 실례 역시 모두 거짓이다. 그러므로 (2)의 ‘p • ~p’와 ‘q • ~q’의 실례는 모두 진릿값이 같다. 그래서 두 도식은 동치다〔이 예시에서 대응 실례의 개념은 자명하다. (2) 도식 두 개의 실례는 어떤 것이든 대응 실례이기 때문이다. 테마 15를 참고하라.〕.

또 다른 예시를 살펴보자.

(3) p • p / p

위의 두 도식 역시 동치다. 각 도식에서 ‘p’를 명제로 대체했다고 가정해보자. 즉, ‘p • p’와 ‘p’를 도식이 아니라 그 도식의 대응 실례라고 생각하자. 만약 ‘p’가 참이라면, ‘p • p’는 참인 요소명제의 논리곱이므로 역시 참이 될 것이다. 만약 ‘p’가 거짓이라면, ‘p • p’는 거짓인 요소명제의 논리곱이므로 역시 거짓이 될 것이다. 그러므로 어떤 경우든 ‘p • p’

와 'p'는 진릿값이 같을 것이다.

예시를 하나 더 살펴보겠다.

(4) ~~p / p

위의 두 도식 역시 동치다. 'p'를 명제라고 생각하자. 만약 'p'가 참이라면, '~p'는 거짓이 될 것이고 '~p'의 부정명제인 '~~p'는 다시 참이 될 것이다. 반면에 'p'가 거짓이라면, '~p'는 참이 될 것이고 '~p'의 부정명제인 '~~p'는 다시 거짓이 될 것이다. 그러므로 어떤 경우든 '~~p'와 'p'는 진릿값이 같을 것이다.

(5) p • ~(q • ~p) / p

위의 두 도식 역시 동치다. 'p'와 'q'가 명제라고 생각하자. 만약 'p'가 거짓이라면, 'p • ~(q • ~p)'는 요소명제 중 하나가 거짓인 논리곱이므로 거짓이다. 반면에 만약 'p'가 참이라면 '~p'는 거짓이 되고, 따라서 논리곱 'q • ~p'도 거짓이 된다. 그래서 'q • ~p'의 부정명제인 '~(q • ~p)'는 참이 된다. 그렇다면 'p • ~(q • ~p)'는 참인 요소명제로 결합된 논리곱이므로 역시 참이다.

마지막으로 예시를 하나 더 살펴보자.

(6) ∼(p • ∼(q • r)) / ∼(p • ∼q) • ∼(p • ∼r)

위의 두 도식 역시 동치다. 'p'와 'q'가 명제라고 생각하자. 만약 'p'가 거짓이라면, 'p'가 요소명제인 논리곱 'p • ∼(q • r)', 'p • ∼q'와 'p • ∼r'은 모두 거짓이 될 것이다. 따라서 이 세 논리곱 각각의 부정명제 '∼(p • ∼(q • r))', '∼(p • ∼q)'와 '∼(p • ∼r)'은 참이 될 것이다. 그리고 참인 부정명제 '∼(p • ∼q)'와 '∼(p • ∼r)'의 논리곱인 '∼(p • ∼q) • ∼(p • ∼r)' 역시 참이 될 것이다. 그러므로 'p'가 거짓일 때 (6)의 두 복합명제는 진릿값이 같다. 이제 'p'가 참이라고 가정해보자. 'p'가 참이라면 'q'가 거짓일 때만, 즉 '∼q'가 참일 때만 논리곱 'p • ∼q'가 참이 된다. 그러므로 'p • ∼q'의 진릿값은 'q'의 진릿값과 반대다. 그리고 'p • ∼q'의 부정명제 '∼(p • ∼q)'의 진릿값은 'q'의 진릿값과 같다. 이와 마찬가지로, '∼(p • ∼r)'의 진릿값은 'r'의 진릿값과 같고, '∼(p • ∼(q • r))'의 진릿값은 'q • r'의 진릿값과 같다. 논리곱 '∼(p • ∼q) • ∼(p • ∼r)'의 진릿값 역시 'q • r'의 진릿값과 같을 것이다. 이 논리곱의 요소명제 '~(p • ~q)'와 '~(p • ~r)'이 각각 'q'와 'r'과 진릿값이 같기 때문이다. 그러므로 'p'가 참일 때도 (6)의 두 복합명제는 진릿값이 같다.

똑같은 도식과 동치인 도식들은 서로 동치다. 도식 F3과 각각 동치인 도식 F1과 F2의 대응 실례 S1과 S2가 있다고 생각해보자. 그리고 F1과 F2를 치환해서 S1과 S2를 만든 방식으로 F3를 치환해보자〔만약 F3에 F1과 F2에는 없는 변항(variable)*이 있다면, 그 변항은 임의의 명제로 치환한다〕. 그런데 F3를 치환한 결과인 S3는 틀림없이 S1과 진릿값이 같을 것이다. S1과 S3는 동치 도식인 F1과 F3의 대응 실례이기 때문이다. 마찬가지로, S3는 틀림없이 S2와도 진릿값이 같을 것이다. 따라서 S1과 S2는 진릿값이 같다.

다시 설명하자면, (3)과 (4)의 동치 도식에서 '~~p'와 'p • p'가 동치라는 사실을 추론할 수 있다. 그리고 (4)와

---

* 기호 논리학에서 사용되는 말로 일반화된 표현을 쉽게 전달하기 위해 사용된다. 'fx'라는 논리식에서 'f'는 주어진 어떤 사물에 관해 이야기하는 기호이며 'x'는 주어진 사물을 가리키는 명사이다. 이때 'x'가 바로 변항이다. 이 변항 'x'에 일정한 사물을 대입해서 명제를 만들 수 있다. 예를 들어 'x는 과일이다'라는 문장에서 변항 'x'에는 '사과', '딸기', '귤' 등이 대입될 수 있다. 테마 30을 참고할 것.

(5)의 동치 도식에서 '~~p'와 'p • ~(q • ~p)'가 동치라는 사실도 추론할 수 있다.

연습문제

---

1. 위의 예문 (3)과 (5)에서 도식 F1과 F2, F3를 파악하고 적절한 명제 S1과 S2, S3를 선택해서 위의 마지막 문단 내용에 이어질 논증을 설명해보시오.

---

2. 두 도식이 동치가 아니라는 사실을 증명하려면 대응 실례 한 쌍 중 하나는 참이고 다른 하나는 거짓이라는 사실만 제시하면 된다. 이런 방식으로 테마 14의 연습문제 2번에 나오는 (6)의 두 도식이 동치가 아니라는 사실을 증명해보시오.

테마 17. 진리 함수적 동치

동치인 진리 함수적 도식의 대응 실례가 되는 명제를 진리 함수적 동치라고 한다(테마 14 참고). 다음 예를 살펴보자.

존스가 아프다 • 존스가 아프다 / 존스가 아프다

위의 명제 둘은 테마 16(3)에 서 살펴보았던 동치인 도식의 대응 실례이므로 진리 함수적으로 동치다. 다른 명제도 살펴보자.

(1) ~(존스가 유죄다 • ~(스미스가 무죄다 • 로빈슨이 거짓말했다))

(2) ~(존스가 유죄다 • ~스미스가 무죄다) • ~(존스가 유죄다 • ~로빈슨이 거짓말했다)

위의 두 명제는 테마 16(6)에서 동치인 도식의 대응 실례이므로 진리 함수적으로 동치다.

기호 '•'과 '~' 대신 일상 언어에서 사용하는 연결사로 표현한 명제에도 '진리 함수적 동치'라는 용어를 적용하면 편리하다. 다만 이런 명제는 1장에서 제시한 원칙에 따라 기호 '•'와 '~'를 사용해서 표현을 바꾸었을 때 진리 함수적 동치 도식의 대응 실례가 된다.

만약 존스가 유죄라면, 그렇다면 스미스가 무죄이고 로빈슨이 거짓말을 했다.

만약 존스가 유죄라면 스미스가 무죄이고, 만약 존스가 유죄라면 로빈슨이 거짓말했다.

위의 두 명제는 테마 3부터 테마 7까지 다룬 내용에 따라서 기호를 사용한 표현으로 바꾸면 (1)과 (2)가 된다는 사실로 미루어보아 진리 함수적 동치다.

진리 함수적 동치 명제는 물론 진릿값이 서로 같다. 하지만 명제들은 진리 함수적 동치가 아니더라도 진릿값이 같을 수 있다. 예시를 살펴보자.

만약 마곡이 더비의 북쪽이라면, 마곡은 캐나다에 있다. / 마곡은 더비의 북쪽이고 캐나다에 있다.

이 명제 두 개를 기호를 사용해서 표현하면 다음과 같다.

~(마곡은 더비의 북쪽이다 • ~마곡은 캐나다에 있다) / 마곡은 더비의 북쪽이다 • 마곡은 캐나다에 있다

위의 두 명제는 모두 참이지만 진리 함수적 동치는 아니다.

이 두 명제가 대응 실례일 수 있는 진리 함수적 동치 도식이 없기 때문이다. 이 두 명제는 각각 도식 '~(p• ~q)'와 'p•q'의 대응 실례이지만, 이 두 도식은 동치가 아니다. 두 도식의 대응 실례 중 진릿값이 서로 다른 대응 실례를 찾을 수 있기 때문이다. 'q'에 어떤 명제를 삽입하든 'p'에 거짓인 명제를 삽입하기만 한다면 진릿값이 각각 참과 거짓인 '~(p• ~q)'와 'p•q'의 대응 실례를 얻을 수 있다.

진리 함수적 동치 명제는 오로지 진리 함수적 논리 구조 때문에 진릿값이 서로 일치한다. 진리 함수적 동치 명제를 구성하는 **단순명제**(그러므로 부정명제나 논리곱은 단순명제가 될 수 없다)를 무엇으로 바꾸든지 진리 함수적 동치 명제는 여전히 진릿값이 서로 같다. 진리 함수적 동치 명제는 쉽게 말해 '의미가 같다' 또는 '같은 뜻을 다른 식으로 말한다'라고 표현할 수 있을 것이다.

연습문제

테마 16(5)에 따라, 아래 명제 (1)과 진리 함수적 동치인 명제를 제시하시오. 그리고 테마 16(6)에 따라, (1)의 부정명제와 진리 함수적 동치인 명제도 제시해보시오. 테마 16(5)와 테마 16(6)의

변항은 무엇으로 치환할 수 있겠는가?

(1) 탄산칼슘 앙금이 떠다닌다, 그리고 탄산칼슘 앙금이 떠다니지 않는 한 그것은 화산에서 나온 것이 아니다.

테마 18. 대체

논리학의 동치에서는 등식의 양쪽 변에 똑같은 숫자나 기호를 놓는 익숙한 수학 연산과 유사한 작업을 할 수 있다. 예를 들어 산수에서 등식 '$3 \times 4 = 12$'를 등식 '$\sqrt{3 \times 4} = \sqrt{12}$'로 만들 수 있듯이, 논리학에서는 동치 '~~p'와 'p'를 동치 '~(q• ~~p)'와 '~(q•p)'로 만들 수 있다.

이 장에서는 이 작업의 일반 원칙을 입증할 것이다. **대체 원칙**(principle of replacement)으로 부를 수 있는 이 원칙의 내용은 다음과 같다. **주어진 도식 중 일부를 그와 동치인 다른 도식으로 대체한다면, 그 결과로 생기는 새로운 도식은 원래 도식과 동치다.** 그런데 괄호와 관련해서 '대체'라는 단어의 의미를 먼저 분명하게 다듬어야 한다. 예를 들어 '~p•p'를 '~~~p'로 바꿀 때, 'p•p'를 '~~p'로 대체했다고 간주해서는 안 된다. 'p•p'는 '~p•p'의 요소명제가 아니기 때문이다. '~p • p'에서 '~'는 첫 번째 'p'에 속해 있으며 '~p' 전체가 두 번째 'p'와 함께 결합하여 논리곱을 만든다. 반대의 경우도 마찬가지다. '~~~p'를 '~p • p'로 바꿀 때 '~~p'를 'p • p'로 대체했다고 간주해서도 안 된다. '~~~p'에서 '~~p'를 'p • p'로 대체한다는 것은 '~~~p'를 '~(p • p)'로 바꾸는 것으로 간주해야 한다. 그러므로 일반적으로 도식에서 대체될 부분이 논리곱이라면, 이 논리곱이 '~' 바로 다음에 놓이지 않는다는 사실을 이해해야 한다. 적어도 괄호가 반드시 삽입되어야 한다. 그리고 대체로 새롭게 도식에 포함될 도식이 논리곱이고 부정 기호 바로 다음에 온다면 우선 이 논리곱을 괄호로 묶어야 한다는 사실도 이해해야 한다. 반면에 대체될 부분은 괄호로 묶인 논리곱이지만 새롭게 포함될 도식은 논리곱이 아니라면, 대체 과정은 해당 괄호를 제거하는 과정을 포함한다. 그러므로 '~(p • p)'에서 'p • p'를 '~~p'로 대체하면 그 결과는 '~(~~p)'가 아니라 '~~~p'이다. '~(~~p)'는 대체 개념에 들어맞지 않는다.

대체의 일반 원칙을 증명하기에 앞서서 다음 특수 사례 두 가지를 먼저 증명하면 편리할 것이다. (1) 동치 도식 한 쌍의 부정 도식 한 쌍도 서로 동치다. (2) 동치 도식 각각에 도식을 하나 더 결합하면, 그 결과로 생기는 도식 한 쌍도 서로 동치다.

먼저 (1)을 증명해보자. 추상적으로 표현한 다음의 논증에 대괄호 '〔〕' 속에 설명한 예시를 살펴보면 이해하기 쉬울 것이다. 우선 예시로 아무 동치 도식 한 쌍을 선택한다〔테마 16에서 살펴본 '～～p'와 'p • p'를 사용하겠다〕. 그리고 각 도식 앞에 '～'를 적용해서 새로운 도식을 만든다〔즉, '～～～p'와 '～(p • p)'〕. 이때 기존 도식이 논리곱이라면 괄호로 묶어준다. 이제 새로운 도식이 서로 동치라는 사실, 즉 두 도식의 어떤 대응 실례든 모두 진릿값이 서로 같다는 사실을 증명해보자(테마 16 참고). 새로운 두 도식의 대응 실례는 어떤 명제라도 가능하다〔'～～～존스가 아프다'와 '～(존스가 아프다 • 존스가 아프다)'라고 가정하자〕. 이 두 명제는 기존 도식〔'～～p'와 'p • p'〕을 치환해서 만든 대응 실례〔'～～존스가 아프다'와 '존스가 아프다 • 존스가 아프다'〕의 부정명제가 될 것이다. 그런데 기존 도식이 동치이므로 그 대응 실례는 진릿값이 서로 같다. 그러므로 이 대응 실례의 부정명제 한 쌍 역시 진릿값이 서로 같으며, 원래 대응 실례가 참이냐 거짓이냐에 따라서 거짓이거나 참이 될 것이다.

이제 (2)를 증명해보겠다. 우선 예문으로 아무 동치 도식 한 쌍을 선택한다〔'～～p'와 'p • p'로 정하자〕. 그리고 각 도식에 도식〔'q • ～(q • r)'라고 하자〕을 추가로 결합하여 새로운 도식을 만든다〔즉, '～～p • q • ～(q • r)'과 'p • p • q • ～(q • r)' 또는 결합 순서를 바꾼 'q • ～(q • r) • ～～p'와 'q • ～(q • r) • p • p)'〕. 이제 이 새로운 두 도식이 동치라는 사실을, 즉 두 도식의 어떤 대응 실례든 모두 진릿값이 서로 같다는 사실을 증명해보자. 새로운 두 도식의 대응 실례는 어떤 명제라도 가능하다〔'～～존스가 아프다 • 스미스가 부재중이다 • ～(스미스가 부재중이다 • 로빈슨이 여기에 있다)'와 '존스가 아프다 • 존스가 아프다 • 스미스가 부재중이다 • ～(스미스가 부재중이다 • 로빈슨이 여기에 있다)'라고 가정하자〕. 그리고 이 두 명제를 각각 S1과 S2라고 부르자. S1과 S2는 각각 기존 도식의 대응 실례〔즉, '～～존스가 아프다'와 '존스가 아프다 • 존스가 아프다'〕에 똑같은 명제〔'스미스가 부재중이다 • ～(스미스가 부재중이다 • 로빈슨이 여기에 있다'〕를 결합한 것과 같다. 만약 추가로 결합한 명제가 거짓이라면, 논리곱 S1과 S2는 모두 거짓이 되므로 진릿값이 서로 같다. 반면에 추가로 결합한 명제가 참이라면, 논리곱 S1는 나머지 요소명제〔'～～

존스가 아프다']가 참일 때 참, 요소명제가 거짓일 때 거짓이 된다. S2도 마찬가지이다. 그런데 S1의 나머지 요소명제['~~존스가 아프다']와 S2의 나머지 요소명제['존스가 아프다 • 존스가 아프다']는 진릿값이 같다. 이 두 명제는 기존 동치 도식['~~p'와 'p • p']의 대응 실례이기 때문이다. 따라서 S1과 S2도 진릿값이 서로 같다.

이제 대체의 일반 원칙을 증명할 차례다. 먼저 예문으로 도식 F가 주어졌다고 가정하자['~(p • q • ~(r • ~~p • q) • ~p)'라고 하겠다]. 그리고 F의 일부인 F0['~~p']를 F0와 동치인 G0['p • p']로 대체해서 새로운 도식 G['~(p • q • ~(r • p • p • q) • ~p)']를 얻었다고 하자. 이제 F와 G가 동치라는 사실을 증명해보겠다. F0는 틀림없이 F에서 부정 기호의 적용을 받았거나 다른 부분과 결합했을 것이다[예시에서는 'q'와 결합해서 '~~p • q'가 된다]. 이 부정명제 또는 논리곱을 F1이라고 부르자. 그런데 F1이 F 전체가 아니라면, F1 역시 틀림없이 F에서 부정 기호의 적용을 받거나 다른 부분과 결합할 것이다[예시에서는 'r'과 결합해서 'r • ~~p • q'가 된다]. 이 부정명제 또는 논리곱을 F2라고 부르자. 이런 방식으로 도식 F0, F1, F2, …, F를 얻을 수 있다[즉, '~~p', '~~p • q', 'r • ~~p • q',

'~(r • ~~p • q)', '~(r • ~~p • q) • ~p', 'p • q • ~(r • ~~p • q) • ~p', '~(p • q • ~(r • ~~p • q) • ~p)']. 이들 각각은 바로 앞 Fn의 부정명제이거나 또는 바로 앞 Fn과 다른 도식이 결합한 논리곱이다. 위와 같은 논리로, G0와 G 자체 역시 G0, G1, G2, …, G를 만들 수 있다[즉, 'p • p', 'p • p • q', 'r • p • p • q', '~(r • p • p • q)', '~(r • p • p • q) • ~p', 'p • q • ~(r • p • p • q) • ~p', '~(p • q • ~(r • p • p • q) • ~p)']. F1과 G1은 각각 F0와 G0의 부정명제이거나 또는 F0와 G0가 다른 도식과 결합한 논리곱이다. 위의 (1)과 (2)를 고려해볼 때, F0와 G0가 동치이므로 F1과 G1 역시 동치가 된다. 마찬가지로, F1과 G1이 동치이므로 F2와 G2 역시 동치가 된다. 이렇게 이어나가다 보면 F와 G가 동치라는 결론에 도달한다.

연습문제

위의 '~~p'와 'p • p', F 대신, 테마 16(6)의 동치 도식 '~(p • ~(q • r))'과 '~(p • ~q) • ~(p • ~r)', 그리고 도식 F '~(~(p • q • ~~(p • ~(q • r))) • ~r)'을 사용해서 위의 (1)과 (2), 대체의 일반 원칙을 다시 증명해보시오.

테마 19. 변형

도식 F1〔'p • ~~(q • r)'이라고 하자〕을 다른 도식 한 쌍 G1과 G2〔테마 16(4)의 '~~p'와 'p'라고 하자〕를 이용해서 **전방향 변형**(forward transformation)하는 과정은 다음과 같다. 첫 번째, G1과 G2를 동시 치환해서 도식 G1′과 G2′를 만든다〔예를 들어 '~~(q • r)'와 'q • r'〕. 이때 G1′은 F1의 일부이거나 F1 전체와 같다. 그리고 F1에 포함된 G1′를 G2′로 대체해서 F2〔즉, 'p • q • r'〕를 만든다. 이제 G2가 G1과 동치일 경우, 언제나 F2는 F1과 동치라는 사실이 쉽게 증명된다. 테마 15에서 확인했듯이, G1′과 G2′의 대응 실례는 어떤 것이든 G1과 G2의 대응 실례일 것이다. 그리고 G1과 G2가 동치라는 사실을 고려한다면 대응 실례의 진릿값도 서로 일치할 것이다(테마 16 참고). 따라서 G1′과 G2′는 동치다. 그러므로 테마 18에서 확인했듯이 F1과 F2 역시 동치다.

특히, F1과 F2는 각각 G1′와 G2′와 일치할 수 있다. 테마 16(5)의 'p • ~(q • ~p)'와 'p'를 이용해서 'p • ~(p • ~p)'을 전방향 변형하면 'p'가 된다. 그러므로 F1과 F2는 다음과 같다.

(1) p • ~(p • ~p) / p

이때 G1과 G2는 테마 16(5)의 두 도식이 되며 G1′와 G2′은 그저 다시 (1)의 두 도식이 된다. (1)의 두 도식은 테마 16(5)의 두 도식을 동시 치환해서 얻은 결과다. 하지만 테마 16(5)의 동치 도식에서 (1)의 동치 도식을 추론해내는 일은 앞 문단에서 이탤릭체로 표현한 일반 원칙을 특별히 응용한 사례일 뿐이다.

테마 18에서 다룬 대체 원리에 입각한 추론도 마찬가지로 위 문단에서 이탤릭체로 표현한 원칙을 특별히 응용한 사례로 취급할 수 있다. 예를 들어 다음 동치 도식을 살펴보자.

(2) p • ~(p • ~p) / p • ~(q • ~q)

테마 18의 내용에 따르면, 위의 동치 도식은 테마 16(2)에서 도출한 도식이다. 그런데 (2)의 동치 도식은 테마 16(2)를 이용해서 'p • ~(p • ~p)'를 'p • ~(q • ~q)'로 전방향 변형한 것이라고 설명할 수도 있다. F1과 F2가 (2)의 각 도식이고 G1과 G2는 테마 16(2)의 각 도식일 경우, G1′와

G2′는 그저 다시 (2)의 각 도식이 된다. 이럴 경우, G1과 G2를 동시 치환해서 G1′와 G2′를 만들어 낸 것은 단순히 'p'를 'p'로 치환한 것이라고 여겨질 수 있다(말하자면, 아무것도 바뀌지 않는 치환이다).

다른 도식 한 쌍을 이용해서 주어진 도식을 전방향 변형할 때 결과가 반드시 단 하나만 나오지 않아도 괜찮다는 사실을 알아두자. 예를 들어, 테마 16(4)를 이용해서 '∼∼p • ∼∼q'를 전방향 변형하면 그 결과는 '∼∼p • q'가 될 수도 있고 'p • ∼∼q'가 될 수도 있다. 반면에 테마 16(4)를 이용해서 'p • q'를 전방향 변형하면 아무런 결과 도식도 나오지 않는다. 테마 16(4)의 '∼∼p'를 치환해서 'p • q'의 일부나 전체를 얻는 방법은 없기 때문이다.

G1과 G2 한 쌍을 이용해서 **후방향 변형**(backward transformation)하는 것은 순서를 바꾼 G2과 G1 한 쌍을 이용해서 전방향 변형하는 것과 같다. 그러므로 테마 16(4)를 이용해서 'p • ∼∼(q • r)'을 전방향 변형하면 'p • q • r'이 되고, 테마 16(4)를 이용해서 'p • q • r'을 후방향 변형하면 'p • ∼∼(q • r)'이 된다. 더 일반적으로 말해서 전방향 변형이든 후방향 변형이든 똑같이 **변형**으로 여겨진다. 그러므로 'p • ∼∼(q • r)'는 테마 16(4)를 이용해서 'p • q • r'로 변형

될 수 있고, 그 반대도 마찬가지다. 보통, 서로 동치인 도식 한 쌍을 이용해서 F1을 F2로 변형할 수 있다면 F1과 F2는 동치다. 이 원칙은 앞에서 전방향 변형을 다루며 확립했고, 후방향 변형에도 마찬가지로 적용할 수 있다. 주어진 동치 도식 한 쌍으로 후방향 변형하는 것은 똑같은 동치 도식을 순서만 바꾸어서 전방향 변형하는 것과 같기 때문이다.

도식에 적용된 변형은 도식의 실례인 명제에도 똑같이 적용될 수 있다. 도식 한 쌍 G1과 G2를 이용해서 명제 S1을 전방향 변형하는 과정은 다음과 같다. 우선 G1과 G2를 동시 치환해서 G1′과 G2′를 얻는다. 이때 G1′은 S1의 일부이다. 그리고 S1에 포함된 G1′를 G2′로 대체한다. 간단히 말해, G1과 G2 한 쌍을 이용해서 S1을 전방향 변형하는 것은 S1에 포함된 G1′의 실례를 G2′의 대응 실례로 대체하는 것과 같다(테마 15 참고). 후방향 변형도 이런 과정을 거치며, 일반적으로 변형 전체도 이 과정을 거친다.

테마 16(4)를 이용해서 도식 'p • ~~(q • r)'을 전방향 변형하면 'p • q • r'이 되는 것처럼, 테마 16(4)를 이용해서 명제 '존스가 왔다 • ~~(스미스가 머물렀다 • 로빈슨이 떠났다)'를 전방향 변형하면 '존스가 왔다 • 스미스가 머물렀다 • 로빈슨이 떠났다'가 된다.

그러므로 명제 변형이 도식 변형과 다른 점은 오직 명제 문자 대신 명제를 사용한다는 사실밖에 없다. 도식 F1을 F2로 변형하는 대신, F1의 실례 S1을 F2의 대응 실례 S2로 변형할 뿐이다. 동치 도식 한 쌍을 이용해서 도식 F1을 변형하면 F1의 동치 도식 F2가 되는 것과 마찬가지로, 동치 도식 한 쌍을 이용해서 명제 S1을 변형하면 진리 함수적 동치 명제 S2가 된다. 진리 함수적 동치 도식의 대응 실례는 진리 함수적 동치이기 때문이다(테마 17 참고).

연습문제

---

1. 테마 16(1)을 이용해서 다음 도식 (1)을 단 한 번 변형했을 때 서로 다른 새로운 도식을 얼마나 얻을 수 있는가? 그리고 각 경우에서 테마 16(1)의 'p'와 'q'를 어떻게 동시 치환하는가?

(1) p • q • ~(p • q • r)

---

2. 테마 16(4)를 이용해서 1번 문제의 도식 (1)을 단 한 번 후방향 변형했을 때 서로 다른 새로운 도식을 얼마나 얻을 수 있는가? 그리고 결과 도식 중 어느 도식을 테마 16(6)을 이용해 전방향 변형할 수 있는가? 또한, 테마 16(6)을 어떻게 동시 치환하는가?

테마 20. 동치 증명

만약 매번 서로 다른 동치 도식 한 쌍을 이용해서 도식을 잇달아 변형한다면, 마지막 결과 도식은 최초 도식과 동치라고 결론지을 수 있다. 예를 들어보자. 테마 16(2)를 이용해서 테마 19(2)의 두 번째 도식 'p • ~(q • ~q)'를 테마 19(2)의 첫 번째 도식 'p • ~(p • ~p)'로 변형할 수 있고, 테마 16(5)를 이용해서 그 결과 도식을 'p'로 변형할 수 있다. 따라서 아래의 두 도식은 동치라고 결론지을 수 있다.

(1) p • ~(q • ~q) / p

이 사실은 테마 16의 마지막 부분에서 언급한 원칙에 따라 테마 19(2)의 'p • ~(p • ~p)'와 'p • ~(q • ~q)'가 동치라는 사실과 테마 19(1)의 'p • ~(p • ~p)'와 'p'가 동치라는 사실로 간단히 추론할 수도 있다.

위에서처럼 연속 변형으로 동치를 증명하는 과정은 먼저 변형의 각 단계를 차례대로 적고 각 단계의 오른쪽에 변형에 사용된 동치 도식 한 쌍을 표시해서 쉽게 나타낼 수 있다. 그러므로 도식 (1)의 동치를 정립하는 앞 문단의 논증은 아래와 같이 적어볼 수 있다.

증명 p • ~(p • ~p) 테마 16(2)

p 테마 16(5)

첫 번째 줄 오른쪽에 있는 '테마 16(2)'는 해당 줄의 도식 'p • ~(p • ~p)'가 테마 16(2)를 이용해서 위 (1)의 첫 번째 도식을 변형한 결과라는 사실을 가리킨다. 마찬가지로, 두 번째 줄 오른쪽에 있는 '테마 16(5)'는 해당 줄의 도식 'p'가 테마 16(5)를 이용해서 윗줄의 도식을 변형한 결과라는 사실을 가리킨다.

다른 동치와 증명을 더 살펴보자.

(2) p • q • ~q / r • ~r

증명 p • p • ~p 테마 16(2)

p • ~p 테마 16(3)

r • ~r 테마 16(3)

(3) ~(p • ~(q1 • q2 • ⋯ • qn)) / ~(p • ~q1) • ~

$(p \bullet \sim q2) \bullet \cdots \bullet \sim (p \bullet \sim qn)$

(각 n에 대한) 증명

$\sim (p \bullet \sim q1) \bullet \sim (p \bullet \sim (q2 \bullet \cdots \bullet qn))$ 테마 16(6)

$\sim (p \bullet \sim q1) \bullet \sim (p \bullet \sim q2) \bullet \sim (p \bullet \sim (q3 \bullet \cdots \bullet qn))$ 테마 16(6)

이런 식으로 증명을 계속 이어나갈 수 있다.

(4) $\sim (p \bullet q) \bullet \sim (p \bullet \sim q) \,/\, \sim p$

증명 $\sim (p \bullet \sim\sim q) \bullet \sim (p \bullet \sim q)$ 테마 16(4)

$\sim (p \bullet \sim (\sim q \bullet q))$ 테마 16(6)

$\sim (p \bullet \sim (q \bullet \sim q))$ 테마 16(1)

$\sim p$ (1)

그런데 테마 16(1)을 이용한 변형과 테마 16(4)를 이용한 변형은 생략하는 것이 편리하다. 즉, 논리곱 내부의 순서라는 문제는 단순히 고려하지 않고 넘어가는 편이 편하다는 것을 쉽게 알 수 있다. 그리고 부정명제를 부정하는 것은 그 부정명제에 두 번째 부정 기호를 더해서 원래 부정 기호를 무효로 만드는 것이 아니라 원래 부정 기호를 곧바로 제거하는 일이라는 사실도 쉽게 파악할 수 있다. 그러므로 위의 증명은 다음과 같이 간결하게 나타낼 수 있다.

증명 $\sim(p \bullet \sim(\sim q \bullet q))$ 테마 16(6)

$\sim p$ (1)

이처럼 간결한 방식으로 다른 동치를 두 가지 더 증명해보자.

(5) $p \bullet \sim(p \bullet q) \,/\, p \bullet \sim q$

증명 $\sim(\sim(p \bullet \sim p) \bullet \sim(p \bullet \sim q))$ 테마 16(6)

$p \bullet \sim q$ (1)

이 증명에서는 첫 번째 줄에 적힌 변형보다 먼저 이루어진 변형, 즉 테마 16(4)를 이용해 '$p \bullet \sim(p \bullet q)$'를 후방향 변형한 결과인 '$\sim\sim(p \bullet \sim(p \bullet q))$'가 생략되어 있다. 그리고 두 번째 줄에 적힌 변형보다 먼저 이루어진 변형, 즉 테마

16(1)을 이용한 변형도 생략되어 있다. 그런데 두 번째 줄에서 (1)을 이용한 변형 결과는 원래 'p • ~q'가 아니라 '~~(p • ~q)'이다. 그러므로 테마 16(4)를 이용한 변형의 결과가 최종 결과에서는 나타나 있는 셈이다.

(6) ~(p • q • r) • ~(p • ~r) / ~(p • q) • ~(p • ~r)

증명 ~(p • ~(~(q • r) • r)) 테마 16(6)

~(p • ~(~q • r)) (5)

~(p • q) • ~(p • ~r) 테마 16(6)

위의 증명에서는 첫 번째 줄에 적힌 변형보다 먼저 이루어진 변형, 즉 테마 16(4)를 이용해 후방향 변형한 결과가 생략되어 있다. 그리고 두 번째 줄에 적힌 변형보다 먼저 이루어진 변형 두 개, 즉 테마 16(1)을 이용한 변형 두 개도 생략되어 있다. 마지막으로 테마 16(6)을 이용한 최종 변형 이후에 이루어진 변형, 즉 테마 16(4)를 이용해 전방향 변형한 결과도 생략되어 있다.

연습문제

1. 위 예문 (4)의 첫 번째 증명처럼 (5)와 (6)의 증명도 생략된 부분, 즉 테마 16(1)을 이용한 변형과 테마 16(4)를 이용한 변형까지 모두 포함하여 다시 제시하시오.

2. 위 예문 (3)을 증명하는 순차적 단계에서 테마 16(6)을 어떻게 동시 치환했는가? 그리고 (4), (5), (6)의 증명 단계도 비슷한 방식으로 분석하시오.

3. (4)를 증명한 방식 두 가지 중 더 간결한 방식을 사용하여 다음 도식의 동치를 증명하시오.

~(~(p • ~q) • ~(~p • q)) / ~(p • q) • ~(~p • ~q)

테마 21. 논리합과 쌍대성

'또는'과 '만약 …라면'을 가리키는 특수 기호도 자주 사용된다. 'p 또는 q'는 'p∨q'로 표기한다. 이 '∨'는 포괄적 의미의 '또는'을 뜻하는 라틴어 'vel'을 가리킨다. '만약 p라면 q이다'는 'p⊃q' 또는 'p→q'로 표기한다. 그리고 '만약 q

라면, 그리고 그런 경우에만 p이다'는 'p≡q'나 'p↔q', 'p~q'로 표기한다.

단순히 간결성 때문에 기호를 사용하는 것은 아니다. 'p∨q'와 'p⊃q'는 'p 또는 q'과 '만약 p라면 q이다'보다 그다지 간결하지 않다. '~p'와 'p•q'도 'p가 아니다'와 'p 그리고 q'보다 그다지 간결하지 않다. 기호를 사용하는 이유는 다른 데 있다. 기호는 언어적 분석을 끝내고 형식적 변형이나 계산을 시작할 수 있다는 의미를 나타낸다. 고등학교에서 배우는 대수학에서는 문제를 문장으로, 예를 들자면 노를 저어서 강물을 거슬러 올라가거나 내려간다는 식으로 제시했다. 그러면 우리는 가장 먼저 문제를 등식으로 바꾸고, 그다음에 문제를 풀었다. 이렇게 '문제를 등식으로 바꾸는 과정'을 완료했을 때 바로 기호가 그 문제를 표현한다.

그러므로 기호 '∨'와 '⊃', '≡'를 추가한다는 것은 증명이나 형식적 법칙을 표현할 때 테마 20에서처럼 '~'와 '•'를 고수하는 대신 이 기호들을 사용한다는 의미다. 실제로도 '∨'와 '⊃', '≡'를 통상적으로 사용한다. 하지만 이에는 상당한 대가가 따른다. 도식을 표현하는 방식이 많아질수록 한눈에 동치를 파악하기가 어려워진다. 불필요한 기호가 하나씩 더해질 때마다 동치와 관련된 법칙이 얼마나 늘어날지 생각해보라. 만약 '∨'와 '⊃'을 허용한다면, '~(p • ~(q • r))'의 동치는 '~(p • ~q) • ~(p • ~r)'뿐만 아니라 '~p∨q • ~p∨r'과 'p⊃q • p⊃r', '~p∨(q • r)', 'p⊃(q • r)'도 있다는 사실을 파악해야 한다. 그러므로 '~(~p • ~q)' 대신 'p∨q'를, '~(p • ~q)' 대신 'p⊃q'를 쓴다면 간결성을 얻는 대신 커다란 대가를 치러야 한다.

하지만 불필요한 연결사 중에서 **논리합**(선언, alternation 또는 disjunction) 기호 '∨' 하나는 받아들일 만한 흥미로운 기술적 이점이 여럿 있다. 그중 하나는 명제 문자 단 하나에만 부정 기호를 적용할 때를 제외하면 부정 기호를 사용하지 않아도 된다는 사실이다. 논리곱에 적용되는 부정 기호는 항상 논리합 기호로 바꾸고 제거할 수 있다. 만약 '~(~r • ~s)'를 축약한 표기로 'r∨s' 형식을 받아들인다면, '~(p • q)' 또는 '~(~~p • ~~q)'를 '~p∨~q'로 바꿔서 표기할 수 있다.

테마 20(1)과 테마 16(5), 테마 20(3)부터 테마 20(6)까지 포함된 동치에서 논리곱 기호를 논리합 기호로 바꾸고 'p'를 '~p'로, 'q'를 '~q'로 치환하면 다음과 같이 고쳐 쓸 수 있다.

(1) $p \bullet (q \vee \sim q) / p$

(2) $p \bullet (p \vee q) / p$

(3) $p \vee (q1 \bullet q2 \bullet \cdots \bullet qn) / (p \vee q1) \bullet (p \vee q2) \bullet \cdots \bullet (p \vee qn)$

(4) $(p \vee q) \bullet (p \vee \sim q) / p$

(5) $p \bullet (\sim p \vee q) / p \bullet q$

(6) $(p \vee q \vee \sim r) \bullet (p \vee r) / (p \vee q) \bullet (p \vee r)$

다만 이렇게 표현할 때는 괄호를 더 많이 사용해야 한다는 사실을 알아두자. 지금까지(테마 4) 우리는 부정 기호 바로 다음에만 괄호를 사용했다. 하지만 이제는 괄호를 논리곱과 논리합의 구성요소를 묶는 용도로도 사용해야 한다. 다음 테마에서는 새로운 방식을 적용해서 다시 괄호를 대체로 제거하는 방법을 살펴볼 것이다.

앞서 살펴봤듯이, '∨'의 장점 중 하나는 논리곱에 적용되는 부정 기호를 제거할 수 있다는 것이다. 이보다 더 큰 장점은 논리곱과 논리합 사이에서 생겨나는 소위 **쌍대성**(duality)*이라는 개념에서 찾아볼 수 있다.

쌍대성 개념을 살펴볼 때, 편의상 논리곱을 구성하는 각 요소명제들이 전부 쌍을 이루고 있다고 생각하자. 그러므로 'p • q • r'은 '(p • q) • r'로, 'p • q • r • s'는 '((p • q) • r) • s'로 나타낼 수 있다(테마 3 참고). 논리합도 똑같은 방식으로 생각하자. 이때 논리곱은 다음과 같은 참 조건(truth condition)으로 완전히 설명할 수 있다. 즉, 논리곱을 구성하는 명제가 두 개일 때, 그 요소명제 둘 다 참인 경우에만 전체 논리곱이 참이다. 반대로 논리합은 앞의 참 조건과 상당히 유사한 거짓 조건(falsity condition)으로 완전히 설명할 수 있다. 즉, 논리합을 구성하는 명제가 두 개일 때, 그 요소명제 둘 다 거짓인 경우에만 전체 논리합이 거짓이다. 논리곱 이론은 참에, 논리합 이론은 거짓에 관련된다.

---

* 雙對性, 쌍대는 서로 짝이 되거나 맞서는 관계로, 쉽게 말해 어떤 수학적 구조를 '뒤집어서' 구성한 것이다. 논리학에서는 복수의 단순명제가 결합한 논리곱을 논리합으로 바꾸어서, 혹은 복수의 단순명제가 결합한 논리합을 논리곱으로 바꾸어서 쌍대를 만들 수 있다. 서로 쌍대인 명제는 한쪽이 성립하면 다른 쪽도 성립한다.

쌍대성 개념을 알아보려면, 명제 문자로 구성된 논리곱이나 논리합, 또는 그런 논리곱과 논리합으로 구성된 아무 도식을 선택하고 살펴보면 된다. 아무리 복잡한 도식이더라도 괜찮다. 그리고 그 도식의 **진리표**(truth table)를 확인한다. 진리표는 도식에 포함된 문자 n개에 ‘⊤’(참)과 ‘⊥’(거짓)을 부여하는 방식 2n가지를 모두 보여준다. 진리표에는 행이 모두 2n개 있으며, 각 행에는 ‘⊤’과 ‘⊥’이 표시되어 있다. 해당 행에 표시된 각 명제 문자의 진릿값에 따라 전체 도식이 참이면 ‘⊤’, 거짓이면 ‘⊥’이다. 그런데 진리표 전체에서 ‘⊤’을 거짓으로, ‘⊥’을 참으로 재해석하면 어떤 결과가 생길까? 도식 전체에서 ‘•’을 논리합으로, ‘∨’를 논리곱으로 재해석하는 것과 같은 결과가 나올 것이다.

진리표를 만드는 데 사용할 도식에 논리곱, 논리합과 함께 부정명제가 포함되어 있더라도 앞서 서술한 사실은 달라지지 않는다. 진리표에서 ‘⊤’과 ‘⊥’을 바꾸더라도 부정의 역할은 변하지 않는다. 여전히 참의 부정은 거짓이고 거짓의 부정은 참이다.

한 도식의 진리표에서 ‘⊤’과 ‘⊥’을 바꾸어 해석할 때 다른 도식의 진리표와 일치하면 그 두 도식은 서로의 **쌍대**

(dual)라고 한다. 다시 말해, 한 도식 전체에서 '•'를 '∨'로 바꾸었을 때 다른 도식과 일치한다면 그 두 도식은 서로 쌍대이다.

다음으로, 동치 도식 한 쌍을 쌍대로 만들면 어떻게 되는지 살펴보자. 테마 16에서 동치 도식의 대응 실례는 둘 다 참이거나 둘 다 거짓이라는 사실을 확인했다. 그렇다면 기존 동치 도식에서 '⊤'과 '⊥'을 바꾼 쌍대 도식의 대응 실례 역시 둘 다 거짓이거나 둘 다 참이라는 사실을 추론할 수 있다. 간단히 말해 동치 도식의 쌍대도 서로 동치다. 따라서 어떤 동치든 '•'과 '∨'를 바꾸어서 쌍대를 만드는 방식으로 손쉽게 다른 동치를 얻을 수 있다. 이런 방식으로 어렵지 않게 테마 16(1)과 테마 20(2), 위의 (1)과 (3), (4), (5)에서 다음의 동치를 추론해낼 수 있다.

(7) p ∨ q / q ∨ p

(8) p ∨ q ∨ ~q / r ∨ ~r

(9) p ∨ (q • ~q) / p

(10) p • (q1 ∨ q2 ∨ … ∨ qn) / (p • q1) ∨ (p • q2) ∨

$\cdots \vee (p \bullet qn)$

(11) $(p \bullet q) \vee (p \bullet \sim q) \,/\, p$

(12) $p \vee (\sim p \bullet q) \,/\, p \vee q$

또한 테마 3에서 직접 언급하지는 않지만 아래의 동치가 옳다는 것을 증명했다.

$(p \bullet q) \bullet r \,/\, p \bullet (q \bullet r)$

이제 이 동치의 쌍대를 만들어서 아래와 같은 새로운 동치를 얻을 수 있다.

$(p \vee q) \vee r \,/\, p \vee (q \vee r)$

그러므로 우리는 왼쪽에 있는 명제 문자를 임의로 무리 지어 놓은 도식을 (6)의 '$(p \vee q \vee \sim r)$'를 반복해서 표현한 것이라고 해석하지 않아도 된다. (8)과 (10)도 마찬가지다.

드 모르간의 법칙(De Morgan's laws)이라고 알려진 서로 쌍대인 동치 역시 알아두어야 한다.

(13) ~(p1 • p2 • … • pn) / ~p1 ∨ ~p2 ∨ … ∨ ~pn

(14) ~(p1 ∨ p2 ∨ … ∨ pn) / ~p1 • ~p2 • … • ~pn

위의 쌍대인 동치는 'r ∨ s'를 '~(~r • ~s)'로 정의하고 '~~'가 발생하면 무효로 만든다는 사실에서 간단하게 추론할 수 있다.

바로 쌍대성 개념 그 자체 덕분에 우리는 이 개념을 고려하지 않고도 (7)부터 (12)까지의 예시가 옳다고 증명할 수 있었을 것이다. 테마 16(1)과 테마 20(2), 위의 (1)과 (3), (4), (5)를 도출해낸 추론을 반복하고 그저 '참'을 '거짓'으로, '•'을 '∨'로 체계적으로 바꾸어서 (7)부터 (12)까지의 예시를 얻을 수도 있었을 것이다. 쌍대성 개념을 알아두면 수고스럽게 쌍대성을 고려하는 과정을 생략할 수 있다는 장점이 있다.

연습문제

---

1. 논리곱과 논리합, 부정을 사용해서 비교적 간결하면서 흥미롭게도 서로 다른 방식으로 '$p \equiv q$'를 표현해보시오.

---

2. '$p \equiv q$'는 이 도식의 부정명제와 쌍대인가? 답을 구하고 설명하시오.

---

3. 도식 '$(p \vee q) \cdot (q \vee r) \cdot (p \vee r)$'은 이 도식 자체와 쌍대인가? 답을 구하고 설명하시오.

---

4. 쌍대를 사용해서 테마 16(2)와 테마 16(3), 위의 (2), (6)에서 어떤 동치 도식을 추론해낼 수 있는가?

테마 22. 정규 도식

테마 14에서 진리 함수적 도식은 명제 문자, 논리곱과 부정명제로 구성할 수 있는 표현 전체라고 설명했다. 물론 이제는 논리합 역시 진리 함수적 도식의 구성요소에 포함된다고 이해할 수 있을 것이다.

진리 함수적 도식에서 논리합을 사용하면 부정 기호를 단 하나의 명제 문자에만 적용하는 것으로 제한할 수 있다는 장점이 생긴다. 논리곱의 부정은 테마 21(13)을 활용하여 도식을 변형해서 제거할 수 있고, 논리합의 부정은 테마 21(14)를 활용하여 도식을 변형해서 제거할 수 있다.

이 외에 다른 장점도 있다. 도식에 논리합을 사용하면 논리곱은 명제 문자와 부정 기호만 포함하는 것으로 제한할 수도 있다. 논리곱의 구성요소 중에 논리합이 있다면, 테마 21(10)을 활용해서 도식을 변형할 수 있기 때문이다. 테마 21(10)의 동치 도식은 논리곱을 논리합에 분배할 수 있다는 **분배법칙**(distributive law)을 보여준다. 이 법칙은 아래의 대수학 '곱셈' 법칙과 유사하다.

$$x(y1 + y2 + \cdots + yn) = xy1 + xy2 + \cdots + xyn$$

명제 문자와 그 문자에 적용된 부정 기호를 통틀어서 **문자항**(literal)이라고 부르자. 문자항 하나로 구성된 도식, 문자항이 결합한 논리곱 도식, 문자항 하나로 구성된 도식들이나 문자항의 논리곱인 도식들이 결합한 논리합 도식을 **논리합 정규 도식**(alternational normal schema)이라고 한다. 거꾸로 표현하자면, 논리합 정규 도식은 부정 기호가 모두 명제 문자에만 적용되고 논리곱이 모두 문자항으로만 구성된 도식이다. 그러므로 앞서 열거한 테마 21(10), 테마 21(13), 테마 21(14)을 이용해서 도식을 변형하면, 어떤 진리 함수적 도식이든 논리합 정규 도식으로 충분히 바꿀 수 있다. 이때 테마 16(4)에서 증명한 '～～'은 무효라는 사실과 테마 16(1)에서 증명한 요소명제의 순서만 바꾼 두 논리곱은 동치라는 사실이 암묵적으로 적용된다고 가정하자. 이제 다음 도식을 살펴보자.

(1) ～(～p • ～(q • ～r) • q) • s) • p

테마 21(13)을 이용해서 이 도식을 차례대로 변형하면 우선 아래와 같은 도식이 된다.

((p • ～(q • ～r) • q) ∨ ～s) • p

이 도식을 다시 변형하면 아래와 같다(이때 '～～'를 무효로 취급한다는 사실이 암묵적으로 적용된다).

(2) $((p \cdot (\sim q \vee r) \cdot q) \vee \sim s) \cdot p$

이 도식을 테마 21(10)을 이용해서, 즉 분배법칙을 적용해서 차례대로 변형하면 다음과 같다.

$$(p \cdot (\sim q \vee r) \cdot q \cdot p) \vee (\sim s \cdot p)$$

$$(((p \cdot \sim q) \vee (p \cdot r)) \cdot q \cdot p) \vee (\sim s \cdot p)$$

(3) $(p \cdot \sim q \cdot q \cdot p) \vee (p \cdot r \cdot q \cdot p) \vee (\sim s \cdot p)$

최종 결과인 도식 (3)은 논리합 정규 도식이다. 위의 세 단계 중 두 번째와 세 번째 단계 변형은 테마 21(10)의 뒤바뀐 형태를 이용했지만, 이는 그저 암묵적 원칙인 테마 16(1)을 적용했기 때문이다.

'$\sim p$'와 '$p \cdot q$'가 논리학에서 통용되는 유일한 부정명제와 논리곱 표기법은 아니다. 어떤 학자는 부정을 표기하는 데 '$\bar{p}$'나 'p'', '$\neg p$'를 사용하기도 한다. 또 논리곱을 표기하는 데 'pq'나 '$p \& q$', '$p \wedge q$'를 사용하기도 한다. 논리합 정규 도식을 주로 사용한다면 사실상 다른 표기법을 적용할 때 더 편리한 경우가 두 가지 있다. 하나는 오직 명제 문자 단 하나만을 부정할 때 '$\bar{p}$'처럼 '‾'를 사용하는 경우고, 다른 하나는 오직 문자항끼리 결합할 때 'pq'처럼 문자항을 병치하는 경우다. 따라서 (3)을 다시 표기하면 다음과 같다.

(3) $p\bar{q}qp \vee prqp \vee \bar{s}p$

테마 21에서는 도식의 쌍대를 만드는 기계적 방법을 확인했다. 즉 '•'을 '∨'로 바꾸는 방법이다. 그런데 앞 문단에서처럼 간결한 표기법을 채택하면 쌍대를 만드는 규칙이 복잡해진다는 사실을 알아두자. 쌍대를 만들 때는 여전히 기존 표기법을 고려해야 한다.

논리합 정규 도식은 보통 더 간단한 도식으로 압축할 수 있다. (3)을 다음처럼 더 간단하게 바꾸어보자.

$r\bar{r} \vee prqp \vee \bar{s}p$ 테마 20(2)

$prqp \vee \bar{s}p$ 테마 21(9)

(4) $pr q \vee \bar{s} p$ 테마 16(3)

논리합 정규 도식의 장점은 (위에서처럼 새로운 표기법을 적용할 경우) 괄호를 모두 제거할 수 있고 간결하다는 사실뿐만이 아니다. 가장 큰 장점은 도식이 참이 되는 조건을 아주 분명하게 드러낸다는 사실이다. 정규 도식에서 논리합의 각 구성요소는 전체 도식이 참이 될 수 있는 진릿값 유형을 보여준다. 그러므로 (4)에서 'p'와 'r', 'q'가 모두 참이라면 (4) 전체가 참이 될 것이다. 또한 's'가 거짓이고 'p'는 참이라면 역시 (4) 전체가 참이 될 것이다. 하지만 다른 경우라면 (4) 전체가 참이라고 할 수 없다.

곱셈과 비슷한 테마 21(10)의 분배법칙을 활용해서 도식을 변형해야 논리합 정규 도식으로 압축할 수 있다. 그런데 대수학에는 곱셈과 달리 분배법칙과 같은 덧셈 법칙이 없다. '$x + yz = (x + y)(x + z)$'는 잘못된 식이다. 곱셈은 덧셈에 분배될 수 있지만, 덧셈은 곱셈에 분배될 수 없다. 반면에 논리학에서는 쌍대가 효력을 발휘해서 논리곱도 논리합에 분배될 수 있고, 논리합도 필요하다면 논리곱에 분배될 수 있다. 테마 21(3)을 확인해보면 알 수 있다. 도식을 논리합 정규 도식으로 압축하는 법칙은 쌍대를 통해 즉각

논리곱 정규 도식(conjunctional normal schema)으로 압축하는 법칙을 보장한다. 논리합 정규 도식의 쌍대인 논리곱 정규 도식에는 문자항 하나로 구성된 도식, 문자항이 결합한 논리합 도식, 문자항 하나로 구성된 도식들이나 문자항의 논리합인 도식들이 결합한 논리곱 도식이 있다.

이제 (1)을 다시 써보자. 먼저 기존 변형 과정과 같이 (1)을 (2)로 변형하고, 다시 테마 21(13)을 이용해서 (2)를 다음의 논리곱 정규 도식으로 바꿀 수 있다.

$$(p \vee \bar{s}) \cdot (\bar{q} \vee r \vee \bar{s}) \cdot (q \vee \bar{s}) \cdot p$$

이 단계에서 표기 규약을 하나 더 적용하는 것이 바람직할 듯하다. '•'가 언제나 '∨'보다 더 확실하게 문자항 무리의 경계를 구분하는 구두 기호라고 생각하자. 그러면 위의 논리곱 정규 도식에서 괄호를 제거할 수 있다. 그 결과는 다음과 같다.

$$p \vee \bar{s} \cdot \bar{q} \vee r \vee \bar{s} \cdot q \vee \bar{s} \cdot p$$

위의 도식을 다시 더 간결하게 압축할 수 있다. 이 도식을 더 간단하게 변형해보면 다음과 같다.

$\bar{q} \vee r \vee \bar{s} \cdot q \vee \bar{s} \cdot p$ 테마 21(2)

(5) $\bar{s} \vee r \cdot \bar{s} \vee q \cdot p$ 테마 21(6)

이 마지막 단계는 '$\bar{q} \vee r \vee \bar{s}$'와 '$q \vee \bar{s}$'를 '$\bar{s} \vee r \vee \bar{q}$'와 '$\bar{s} \vee q$'로 파악하는 데 달려 있다. 이 단계에서는 테마 21(7)에서 증명한 요소명제의 순서만 바꾼 두 논리합은 동치라는 편리한 규약을 암묵적으로 적용했다. 그러므로 테마 21(7)은 보통 암묵적으로 적용되는 테마 16(1)의 쌍대이다.

(4)와 (5)는 간결하고 형태가 서로 다른 (1)의 동치다. (4)는 논리합 정규 도식이고 (5)는 논리곱 정규 도식이다.

논리합 정규 도식은 참이 될 수 있는 조건을 뚜렷하게 드러낸다는 면에서 명백히 더 뛰어나다. 하지만 논리곱 정규 도식에도 다음 테마 23에서 살펴볼 특별한 장점이 있다.

연습문제

---

1. 일반적 과정을 거쳐서 (5)를 논리합 정규 도식으로 바꾸고, 그 결과 도식이 자연스럽게 (4)로 압축되는지 확인해보시오.

---

2. 'pq ∨ qr ∨ pr'을 논리곱 정규 도식으로 바꾸어 보시오.

---

3. 'p ≡ (q ≡ r)'을 논리곱 정규 도식과 논리합 정규 도식으로 각각 바꾸어 보시오. (테마 21의 연습문제 1번 참고)

---

4. 다음 문장을 축약하고 논리곱과 부정명제로 바꾸어 보시오. 그리고 그 결과를 논리합 정규 도식으로 바꾸어 보시오. 또한, 이 문장이 참이라면, '계약이 체결될 것이다'와 '스미스가 일자리를 지킬 것이다', '영업 매니저가 복귀할 것이다' 각각은 어떤 진릿값이 가능하겠는가?

영업 매니저가 휴가에서 복귀하고 계약이 체결되지 않는 한 계약이 체결되지도 않을 것이고 스미스가 일자리를 지키지도 못할 것이다.

테마 23. 타당성

도식은 실례가 모두 참일 때 타당(valid)하다고 할 수 있다. 예를 들어, 테마 16(2)를 고려해봤을 때 도식 '$\sim(p\bar{p})$'이나 '$p \vee \bar{p}$'가 타당하다는 것은 분명하다. 타당한 도식은 진리표를 만들어보면(테마 21) 모든 행이 '⊤'이다.

타당한 도식을 치환해서 얻은 도식은 타당하다. 새롭게 만든 도식의 실례는 모두 기존 도식의 실례이며(테마 15 참고), 따라서 기존 도식의 실례가 모두 참이라면 새로운 도식의 실례 역시 모두 참이기 때문이다.

동치 도식 한 쌍 중 하나가 타당하면, 그리고 그런 경우에만 다른 하나도 타당하다. 동치의 대응 실례는 진릿값이 서로 같기 때문이다(테마 16 참고). 예를 들어 '$p \vee \bar{p}$'가 타당하므로, 테마 21(8)을 이용해서 후방향 변형한 '$p \vee \bar{p} \vee \bar{q}$' 역시 참이라는 사실을 추론할 수 있다.

문자항의 논리합은 포함된 문자항 중 하나가 다른 하나를 부정하는 경우에만 타당하다. 문자항 중 하나가 다른 하나를 부정한다면 '$p \vee \bar{p}$'이나 '$p \vee \bar{p} \vee q$', 또는 다른 유사한 타당한 도식을 얻을 수 있다. 만약 다른 문자항을 부정하는 문자항이 전혀 없다면, 부정 기호가 적용된 문자는 참인 명제로 치환하고 부정 기호가 적용되지 않은 문자는 거짓인 명제로 치환해서 거짓인 실례를 만들 수 있다.

도식 두 개 이상이 결합한 논리곱은 그 논리곱을 구성하는 도식 각각이 모두 타당한 경우에만 타당하다. 그 이유를 살펴보자. 도식으로 구성된 논리곱의 실례는 모두 그 논리곱을 구성하는 도식의 실례가 결합한 논리곱이다. 그러므로 논리곱을 구성하는 각 도식의 실례가 모두 참일 경우 논리곱의 실례 역시 참이 될 것이다. 반대로 논리곱을 구성하는 도식 중 하나라도 거짓 실례를 가진다면, 그 논리곱의 대응 실례도 마찬가지로 거짓이 될 것이다. 그 논리곱의 실례는 거짓인 명제가 포함된 논리곱이기 때문이다.

따라서 논리곱 정규 도식은 모두 한눈에 타당성을 확인할 수 있다. 논리곱 정규 도식은 (a) 문자항 하나로 구성된 도식이거나 (b) 문자항의 논리합인 도식이거나 (c) 문자항 하나로 구성된 도식들이나 문자항의 논리합인 도식들이 결합한 논리곱 도식이다. 논리곱 정규 도식이 (a)일 경우 그 도식은 타당하지 않다. 거짓 명제는 어떤 것이든 아무 문자항의 실례가 될 수 있기 때문이다. (b)의 경우, 문자항이 다른 문자항을 부정하는지 살펴보고 도식 전체의 타당성을 확인할 수 있다. (c)의 경우, 전체 논리곱을 구성하는 논리합 각각에서 문자항이 다른 문자항을 부정하는지 살펴보고 도식 전체의 타당성을 확인할 수 있다.

한 마디로, **논리곱 정규 도식은 문자항이 다른 문자항을 부정하는 논리합 도식이거나 그런 논리합으로 구성된 논리곱 도식인 경우에만 타당하다.**

어떤 진리 함수적 도식이든 타당성을 검사해볼 수 있는 편리한 방법을 소개하겠다. 검사하려는 도식을 테마 22에서 살펴본 변형 과정을 따라서 논리곱 정규 도식으로 변형하고, 그 결과를 위 문단에서 언급한 기준으로 판단하면 된다.

도식 '$pq \vee p\bar{q} \vee \bar{p}$'를 예로 들어보자. 이 도식을 논리곱 정규 도식으로 바꾸면 다음과 같다.

$p\bar{q} \vee \bar{p} \vee p \cdot p\bar{q} \vee \bar{p} \vee q$ 테마 21(3)

$\bar{p} \vee p \vee p \cdot \bar{p} \vee p \vee \bar{q} \cdot \bar{p} \vee q \vee p \cdot \bar{p} \vee q \vee \bar{q}$ 테마 21(3)

이 도식은 타당성 기준에 들어맞는다.

사실, '$p\bar{q} \vee \bar{p} \vee p$'를 마지막 단계에서 길게 풀어서 표

시한 것은 무의미하다. '$p\bar{q} \lor \bar{p} \lor p$'는 '$\bar{p} \lor p$'를 포함하고 있으므로 이미 분명히 타당하기 때문이다. 그리고 '$p\bar{q} \lor \bar{p} \lor q$' 역시 테마 21(12)를 이용해서 변형하여 '$q \lor p \lor \bar{p}$'로 더 간단하게 표현할 수 있었을 것이다. 사실 무엇보다도 기존 도식 '$pq \lor p\bar{q} \lor \bar{p}$'를 바로 간단하게 표현할 수도 있었다. 기존 도식은 테마 21(11)을 이용하여 곧장 '$p \lor \bar{p}$'로 변형할 수 있다. 문제를 일찍 단순하게 만드는 것은 언제나 좋은 방침인 법이다.

연습문제

---

1. 만약 논리곱 정규 도식이 타당하고 테마 21(1)이나 테마 21(8)을 이용한 변형으로도 더 간결하게 줄일 수 없다면, 그 도식은 얼마나 길겠는가? 그리고 왜 더 간결하게 압축할 수 없는가?

---

2. 다음 도식의 타당성을 판단해보시오.

$\sim(p\bar{q}) \lor \sim(\bar{p}q)$ / $pq \lor \bar{p}r \lor \sim(qr)$ / $p \equiv (q \equiv (p \equiv q))$

테마 24. 진리 함수적 참

타당한 진리 함수적 도식의 실례인 명제는 진리 함수적으로 참이라고 한다(테마 14 참고). 다음 명제를 살펴보자.

(1) ~(존스가 아프다 • ~존스가 아프다)

이 명제는 타당한 도식 '$\sim(p\bar{p})$'의 실례이므로 진리 함수적으로 참이다. 테마 17에서처럼 일상적 언어 연결사를 사용했지만 '•'와 '∨', '~'로 바꾸면 타당한 진리 함수적 도식의 실례가 되는 명제에도 '진리 함수적으로 참'이라는 용어를 적용하면 편리하다.

존스가 아프고 존스가 아프지 않은 것은 사실이 아니다.

만약 존스가 아프다면 존스는 아프다.

위의 명제는 진리 함수적으로 참이다. 테마 3, 테마 4, 테마 7에서 다룬 내용에 따라 언어 연결사를 기호로 바꾸면

'$\sim(p\bar{p})$'의 실례 (1)로 바뀌기 때문이다.

존스가 아프거나 존스가 아프지 않다.

존스가 아프지 않은 것이 아닌 한 존스가 아프다.

위의 두 명제 역시 진리 함수적으로 참이다. 테마 5, 테마 6에 따라 연결사를 기호로 바꾸면 아래와 같이 '$\sim(p\bar{p})$'의 실례로 바뀌기 때문이다.

~(~존스가 아프다 • ~~존스가 아프다)

진리 함수적으로 참인 명제는 오로지 진리 함수적 구조 때문에 참이다. 그 명제를 구성하는 단순명제를 임의로 바꾸더라도 여전히 참이다. 예를 들어, 위의 복합명제 (1)은 요소명제 '존스가 아프다' 두 개의 자리에 어떤 명제를 놓더라도 여전히 참이다. (1)에서 명제의 내용만 바꾼 변형들도 모두 타당한 도식 '$\sim(p\bar{p})$'의 실례이기 때문이다.

주어진 명제 S가 실례인 아무 도식을 선택해서 타당성을 확인하는 것만으로는 S가 진리 함수적으로 참인지 아닌지 알아낼 수 없다. 만약 도식이 타당하다고 판명되면 도식의 실례인 S가 진리 함수적으로 참이라는 사실을 분명히 알 수 있다. 하지만 도식이 타당하지 않다고 판명되면 S가 진리 함수적으로 참인지 아닌지 결정할 수 없다. S는 타당한 다른 도식의 실례일 수도 있기 때문이다. 예를 들어 명제 (1)은 '$\sim(p\bar{q})$'의 실례이자 '$\sim(pq)$'의 실례, '$\bar{p}$'의 실례, 'p'의 실례일 수도 있다. 하지만 '$\sim(pq)$', '$\bar{p}$', 'p'가 타당하지 않다고 하더라도 (1)이 진리 함수적으로 참이라는 사실이 바뀌지는 않는다. 그런데 S가 실례일 수 있는 다양한 도식 중에서 가장 상세한 도식을 선택하고〔(1)의 경우 '$\sim(p\bar{p})$'이다〕, 그 도식의 타당성을 검사하면 S가 진리 함수적으로 참인지 아닌지 결정할 수 있다. 이때 반드시 S의 진리 함수적 구조 전체를 반영하는 도식을 선택해야 한다. 가장 상세한 도식을 선택하려면 S를 구성하는 단순명제만 명제 문자로 바꾸고, 만약 똑같은 단순명제가 여럿이라면 모두 똑같은 명제 문자로 바꾸면 된다. 그러면 명제 문자와 S의 단순명제는 모두 정확하게 일치할 것이다.

그런데 복합명제를 구성하는 단순명제를 문자로 바꾸고 그 결과로 만들어진 도식이 타당한지 검사하는 대신, 이 타당성 검사를 기존 명제에 곧바로 적용할 수도 있다. 즉,

단순명제에 대응하는 문자가 아니라 단순명제 자체를 처리하는 방식이다. 그러므로 테마 23의 타당성 공식과 유사한 진리 함수적 참 검사를 다음과 같이 만들 수 있다. 먼저 명제의 연결사를 '~'와 '∨', '•'로 바꾸고 전체 명제를 논리곱 정규형으로 변형한다. 만약 명제를 변형한 결과가 단순명제 하나와 그 명제의 부정명제로 구성된 논리합이라면, 그 명제는 진리 함수적으로 참이다. 또한, 명제를 변형한 결과가 이와 같은 논리합으로만 구성된 논리곱이라면 역시 그 명제는 진리 함수적으로 참이다. 이 두 경우가 아니라면, 명제는 참이라 하더라도 진리 함수적 참은 아니다. 다음 명제의 타당성을 검사해보자.

(2) 만약 존스가 아프다면, 그렇다면 존스가 아프고 스미스가 부재중이 아닌 것이 아닌 한 스미스가 부재중이다.
(If Jones is ill then Smith is away unless Jones is ill and Smith is not away.)

단순명제 '존스가 아프다'와 '스미스가 부재중이다'를 각각 축약해서 'J'와 'S'로 나타내면 위 명제는 다음과 같다.

만약 J라면 J와 not S가 아닌 한 S이다.

테마 13과 다른 테마의 내용에 따라 위 명제를 차근차근 바꿔보자. 그 과정은 다음과 같다.

~(J • ~S, J와 not S가 아닌 한)

~(J • ~(S ∨J 그리고 not S))

~(J • ~(S ∨ (J • not S)))

(3) ~(J • ~(S ∨ (J • ~S)))

이때 (2)의 '…하지 않는 한'은 '존스가 아프다'와 '스미스가 부재중이 아니다'가 '그리고'로 결합한 복합명제 전체에 적용된다고 가정했다. 또한, '그렇다면'은 '존스가 아프고 스미스가 부재중이 아니다'와 '스미스가 부재중이다'가 '…가 아닌 한'으로 결합한 복합명제 전체에 적용된다고 가정했다. 이제 (3)을 논리곱 정규 도식의 형태로 바꿔보자.

~J∨S∨(J• ~S) 테마 21(13)

~J∨S∨J• ~J∨S∨ ~S 테마 21(3)

위의 명제는 진리 함수적 참의 기준에 들어맞는다.

이번에도 명제를 일찍 단순하게 만들 수 있었다. 즉, (3)을 테마 21(12)를 이용해서 간단하게 줄이면 '~(J• ~(S∨J))'가 된다. 이 명제를 테마 21(13)을 이용해서 줄이면 '~J∨S∨J'가 된다.

연습문제

---

1. 테마 22의 연습문제 4번에 있는 명제가 진리 함수적 참인지 검사해보시오.

---

2. 다음 명제가 진리 함수적으로 참인지 검사해보시오.

만약 스미스가 오지 않는 한 존스가 오지 않을 것이고 로빈슨이 오지 않는 한 스미스가 오지 않을 것이라면, 그렇다면 존스가 온다면 로빈슨이 올 것이다.

만약 존스가 스미스를 질투하거나 스미스가 존스를 질투하지만 존스와 스미스가 서로 질투하지 않는다면, 그렇다면 스미스가 존스를 질투하지 않는 경우에만 존스가 스미스를 질투한다.

테마 25. 모순과 진리 함수적 거짓

실례가 모두 거짓인 도식은 모순(inconsistency)이다. 예를 들어 테마 16(2)의 'p • ~p'와 'q • ~q'는 각각 모순이다. 물론 도식 중 많은 수가 타당하지도 않고 모순도 아니다. 즉, 도식의 실례 중 어떤 실례는 참이지만 어떤 실례는 거짓이다.

타당성에 관해 테마 23에서 논증한 내용은 정확히 같은 방식으로 모순에도 적용할 수 있다. 테마 23에서 이탤릭체로 표기한 논증 내용에서 '참'을 '거짓'으로 바꾸고 논리곱을 논리합으로 바꾸기만 하면 된다. 그러므로 다음과 같은 사실 세 가지를 확인할 수 있다. 모순인 도식을 치환해서 얻은 도식은 모순이다. 그리고 동치 도식 한 쌍 중 하나가 모순이라면 그리고 그런 경우에만 다른 하나도 모순이다. 마지막으로 논리합 정규 도식은 문자항이 다른 문자항을 부정하는 논리곱 도식이거나 그런 논리곱으로 구성된 논리합 도식인 경우에만 모순이다.

(1) $p \vee q \cdot \bar{q} \vee \bar{r} \cdot \bar{p}r$

이 도식이 모순인지 검사하려면 논리합 정규 도식으로 변형해야 한다. 변형 과정은 다음과 같다.

$(p \vee q \cdot \bar{q}) \vee (p \vee q \cdot \bar{r}) \cdot \bar{p}r$ 테마 21(10)

$p\bar{q} \vee q\bar{q} \vee p\bar{r} \vee q\bar{r} \cdot \bar{p}r$ 테마 21(10)

$p\bar{q}\,\bar{p}r \vee q\bar{q}\,\bar{p}r \vee p\bar{r}\,\bar{p}r \vee q\bar{r}\,\bar{p}r$ 테마 21(10)

위의 도식은 모순 기준에 들어맞는다.

늘 그렇듯, 도식을 더 일찍 단순하게 만들어서 쉽게 모순을 검사할 수 있다. (1)을 다른 식으로 표현해보면 ' $p \vee q \cdot \bar{p} \cdot \bar{q} \vee \bar{r} \cdot r$'이 된다. 그런데 테마 21(5)를 이용해서 변형하면, '$p \vee q \cdot \bar{p}$'는 '$\bar{p}q$'가 되고 '$\bar{q} \vee \bar{r} \cdot r$'는 '$r\bar{q}$'가 된다. 그러므로 (1)을 간단하게 줄인 최종 결과는 '$\bar{p}qr\bar{q}$'이다.

타당한 도식을 부정으로 만들어도 모순 도식이 되고, 쌍대를 만들어도 모순 도식이 된다. 즉, **도식은 그 도식의 부정이 타당하다면 그리고 그런 경우에만 모순이다**. 도식 하나와 그 도식의 부정 도식이 있다고 하자. 그 도식의 실례는 부정 도식 실례의 부정이다. 따라서 그 도식의 실례는 부정 도식의 실례가 모두 참인 경우에만 거짓이다. 동시에 **도식은 그 도식의 쌍대가 타당하다면 그리고 경우에만 모순이다**. 도식 하나와 그 도식의 쌍대 도식이 있다고 하자. 그 도식의 진리표는 쌍대 도식의 진리표에서 '⊤(참)'과 '⊥(거짓)'을 모두 뒤바꾼 것과 같다(테마 21 참고). 따라서 그 도식의 진리표 전체는 쌍대 도식의 진리표 전체가 '⊤(참)'을 나타낼 경우에만 '⊥(거짓)'을 나타낸다.

명제는 모순인 진리 함수적 도식의 실례이거나, 일상적 언어 연결사를 '~'와 '∨', '•'로 바꾸었을 때 모순인 진리 함수적 도식의 실례가 된다면 **진리 함수적으로 거짓**이라고 한다.

(2) 존스가 아프다 • ~존스가 아프다

이 명제는 진리 함수적으로 거짓이다. '$p\bar{p}$'라는 모순 도식의 실례이기 때문이다.

존스가 아프<u>지만</u> 존스는 아프지 않다.

이 명제 역시 진리 함수적으로 거짓이다. 이 명제를 테마 3에서 테마 6의 내용에 따라 기호를 사용한 명제로 바꾸면 (2)가 되기 때문이다. 진리 함수적으로 거짓인 명제는 오로지 진리 함수적 구조 때문에 거짓이다. 그래서 그 명제를 구성하는 단순명제를 임의로 바꾸더라도 여전히 거짓이다. 명제는 그 명제의 부정명제가 진리 함수적으로 참인 경우에만 진리 함수적으로 거짓이다.

명제가 진리 함수적으로 거짓인지 검사하려면, 명제의 연결사를 '~'와 '∨', '•'로 바꾸고 도식 전체를 논리합 정규형으로 만들면 된다. 만약 명제를 변형한 결과가 단순명제 하나와 그 명제의 부정명제로 구성된 논리곱이라면, 그 명제는 진리 함수적으로 거짓이다. 또한, 명제를 변형한 결과가 이와 같은 논리곱으로만 구성된 논리합이라면 역시 그 명제는 진리 함수적으로 거짓이다. 이 두 경우가 아니라면, 명제는 거짓이라 하더라도 진리 함수적 거짓은 아니다.

연습문제

---

1. 다음 도식이 모순인지 검사해보시오.

$\sim(pq) \cdot \sim(p\overline{q}) \cdot \sim(\overline{p}q) \cdot \sim(\overline{p}\,\overline{q})$

---

2. 다음 명제가 진리 함수적으로 거짓인지 검사해보시오.

만약 영국이 이긴다면 프랑스도 이길 것이다, 게다가 영국 또는 프랑스가 이길 것이지만 영국과 프랑스 둘 다 이기지는 않을 것이다.

이탈리아가 이기지 않으면 그리고 그런 경우에만 영국이 이길 것이지만, 이탈리아와 영국 둘 다 이길 것이다.

테마 26. 도식 사이의 함의

만약 도식 한 쌍의 대응 실례 중 하나는 참이고 다른 하나는 거짓인 경우가 없다면, 그 도식 한 쌍 중 하나가 다른 하나를 함의한다고 말한다. 예를 들어 도식 'pq'는 'p'를 함의한다.

'pq'와 'p' 각각의 대응 실례를 S1과 S2라고 할 때, 논리곱 S1을 구성하는 명제 두 개 중 하나가 바로 S2기 때문이다. 그러므로 S2가 거짓이라면 S1은 참이 될 수 없다.

한 도식과 다른 도식의 부정으로 구성된 논리곱이 모순일 경우에만 그 도식은 다른 도식을 함의한다. 간단히 말해서, 한 도식은 다른 도식의 부정과 '모순될 때' 그 다른 도식을 함의한다. 예를 들어서, 'pq'가 'p'를 함의한다는 것은 'pq$\bar{p}$'가 모순이라는 것과 같은 뜻이다. 이제 이 원칙을 확립해보자. 도식 두 개가 결합한 논리곱의 실례는 모두 각 구성 도식의 대응 실례가 결합한 논리곱이다(이때 결합 순서는 무방하다). 따라서 구성 도식 한 쌍의 대응 실례 한 쌍이 모두 참일 경우에만 전체 논리곱의 실례 역시 참이다. 그러므로 구성 도식 한 쌍의 대응 실례 한 쌍이 모두 참이 아닌 경우에만 전체 논리곱은 모순이 될 것이다. 그렇다면 논리곱을 구성하는 도식 하나는 S1이고 다른 하나는 S2의 부정일 때, S1의 대응 실례와 S2 부정의 대응 실례 둘 다 참이 아닌 경우에만 전체 논리곱이 모순이다. 다시 말해, S1과의 대응 실례는 참이고 S2의 대응 실례는 거짓이 아닌 경우에만 S1과 S2의 부정이 결합한 논리곱이 모순이다. S1이 S2를 함의한다는 말은 바로 이런 경우를 가리킨다.

어느 도식이 다른 도식을 함의하는지 알아보려면, 두

번째 도식을 부정으로 바꾸고 첫 번째 도식과 결합하여 논리곱을 만든 후 테마 25에서 서술한 방법을 따라서 그 논리곱이 모순인지 검사하면 된다. 예를 들어 '$p \vee q \cdot \bar{q} \vee \bar{r}$'이 '$\sim(\bar{p}r)$'을 함의하는지 알아보려면 다음 논리곱이 모순인지 검사하면 된다.

$$p \vee q \cdot \bar{q} \vee \bar{r} \cdot \sim\sim(\bar{p}r)$$

이 논리곱은 테마 25(1)과 같으며, 테마 25에서 이미 모순이라는 사실을 확인했다.

함의의 정의와 동치의 정의(테마 16)를 비교하면 '**동치 도식은 서로 함의한다**'라는 사실을 알 수 있다. 두 도식은 서로 함의하는 경우에만 동치이다. 그러므로 앞서 기술한 방식대로 두 도식이 서로 함의하는지 이중으로 검사하여 동치 도식을 확인할 수 있다. 사실, 동치 도식을 만드는 덜 번거로운 방법도 있다. 즉, 테마 16에서 서술한 (1)~(6)을 활용해서 도식 하나를 다른 도식으로 바꾸면 된다. 테마 20에서도 이런 방식으로 다양한 동치를 만들었다. 하지만 이런 방법에는 기계적 검사라는 특징이 빠져 있다. 테마 16(1)~테마 16(6)을 활용해서 도식 S1을 도식 S2로 변형하는 특정 단계를 발견하는 일은 부정확하다. 실제로 존재하는 적절한 변형 단계를 발견하지 못하고 놓칠 수도 있다. 테마 16(1)~테마 16(6)을 활용해서 도식을 변형하는 단계를 정확하게 찾아낸다면 확실히 S1과 S2라는 동치를 만들어낼 수 있다. 하지만 단순히 변형 단계를 찾아내지 못한다고 하더라도 S1과 S2가 동치가 아니라고 확신할 수 없다. 반면에 이 테마에서 제시한 동치 확인 검사를 적용하면 함의나 타당성, 모순 검사를 적용할 때처럼 어떤 경우에서든 체계적이고 확실하게 결론을(동치라고 긍정하거나 동치가 아니라고 부정하거나) 내릴 수 있다.

연습문제

다음 도식 다섯 개 중 어느 도식이 어느 도식을 함의하는가?

(함의를 확인하는 검사를 20번이나 진행하는 것이 지나치게 많다면, 몇 개만 선택해서 진행해도 좋다.)

p / pq / $\sim(\bar{p}\,\bar{q})$ / $p \vee p\bar{q}$ / $q \cdot \sim(\bar{p}q)$

테마 27. 진리 함수적 함의

한 도식이 다른 도식을 함의하는 진리 함수적 도식 한 쌍의 대응 실례 한 쌍에서 한 명제는 다른 명제를 **진리 함수적으로 함의한다**(테마 14 참고). 테마 26 내용을 고려해서 다르게 말해보자면, 한 명제와 다른 명제의 부정으로 구성된 논리곱이 진리 함수적으로 거짓일 때 한 명제는 다른 명제를 진리 함수적으로 함의한다. 마찬가지로 테마 25 내용을 고려해보면, 다음과 같이 진리 함수적 함의를 확인하는 검사 과정을 만들 수 있다. 먼저 주어진 두 명제의 연결사를 '~'와 '∨', '•'로 바꾼다. 그러고 나서 한 명제와 다른 명제의 부정명제를 결합하고 논리합 정규형으로 바꾼다(이 과정과 동시에 명제를 간단하게 줄여도 좋다). 만약 명제를 변형한 결과가 첫 번째 명제와 두 번째 명제의 부정으로 구성된 논리곱 또는 그런 논리곱의 논리합이라면, 기존 명제 한 쌍 중 첫 번째 명제는 두 번째 명제를 진리 함수적으로 함의한다. 이 경우가 아니라면 명제가 다른 명제를 진리 함수적으로 함의한다고 할 수 없다.

(1) 존스와 스미스가 그곳에 있었던 것이 아닌 한 로

빈슨이 책임져야 한다.

(2) 만약 존스가 그곳에 없었다면 로빈슨이 책임져야 한다.

명제 (1)이 명제 (2)를 진리 함수적으로 함의하는지 확인해 보자. 먼저 명제의 연결사를 기호로 바꾸면 다음과 같다.

(3) R ∨ (J • S)

(4) ~(~J • ~R)

이때 'R', 'J', 'S'는 각각 '로빈슨이 책임져야 한다', '존스가 거기에 있었다', '스미스가 거기에 있었다'의 축약형이다. 이제 (3)을 (4)의 부정과 결합하면 다음과 같다.

R ∨ (J • S) • ~J • ~R

이 과정에서 이중 부정 기호는 무효로 만들었다. 그리고 테마 21(5)를 이용해서 'R ∨ (J • S) • ~R'을 '~R • J • S'로 간단하게 줄이면, 결과 도식 전체는 '~R • J • S • ~J'가 된다. 이제 (1)이 (2)를 함의한다는 사실을 알 수 있다.

동치인 도식이 서로 함의하듯(테마 26 참고), 진리 함수적으로 동치인 명제 역시 서로 진리 함수적으로 함의한다. 따라서 위의 방법대로 도식이 서로 진리 함수적으로 함의하는지 이중으로 검사해서 진리 함수적 동치를 확인할 수 있다.

진리 함수적 함의를 검사한다는 것은 오로지 두 명제의 진리 함수적 구조 때문에 한 명제가 다른 명제에서 도출되는지 검사한다는 뜻이다. 한 명제가 다른 명제를 진리 함수적으로 함의한다고 말하는 것은 단순히 두 명제가 각각 참과 거짓이라는 사실을 부정한다는 뜻이 아니다. 오히려 주어진 어떤 두 명제든 진리 함수적 구조이면서 하나는 참이고 다른 하나는 거짓이라는 사실을 부정한다는 뜻이다(테마 17에서 진리 함수적 동치에 관해 유사하게 설명한 내용을 참조하라).

지금쯤 독자들은 아마 진리 함수적 함의를 강력한 조건 명제, 즉 테마 7에서 설명한 진리 함수적 조건 명제보다 더 밀접하게 두 요소명제를 관련시키는 조건 명제라고 여기고 싶을 것이다. 따라서 우리 논의가 명제를 진리 함수적으로 구성하는 방식만 다루겠다는 방침(테마 9 참고)에서 멀어진 것처럼 보일 수 있다. 하지만 이는 잘못된 생각이다. 명제 하나가 다른 명제를 진리 함수적으로 함의한다(또는 두 명제가 진리 함수적으로 동치다)고 말할 때는 그 명제에 관해서, 그리고 진리 함수적 명제 구성 방식과 관련된 명제의 구조에 관해서 말하는 것이다.

(1)은 (2)를 진리 함수적으로 함의한다.

이 명제 자체는 명제 (1)과 (2)가 결합한 복합명제가 아니며, 사실상 명제 (1)과 (2)를 요소명제로 포함하지도 않는다. 명제 (1)과 (2)의 이름, 즉 '(1)'과 '(2)'만 포함할 뿐이다. 그러므로 이 명제는 명제 (1)과 (2)에 관해서 이야기한다. 반면에 위의 명제 (2)는 정말로 명제 '존스가 거기에 없었다'와 '로빈슨이 책임져야 한다'가 결합한 복합명제이다. (2)는 명제 '존스가 거기에 없었다'와 '로빈슨이 책임져야 한다'를 포함하며, 요소명제에 관해서가 아니라 존스와 로빈슨에 관해서 이야기한다. '만약 …라면 …이다'는 명제 연결사이지만, '진리 함수적으로 함의한다'는 명제 연결사가 아니다. '진리 함수적으로 함의한다'는 타동사이고 명사를, 특히 명제의 이름을 연결한다.*

연습문제

---

1. 다음 명제 중 어느 명제가 어느 명제를 진리 함수적으로 함의하는가?

존스가 올 것이다.

스미스가 존스를 강력히 설득하지 않는 한 존스가 올 것이다.

스미스는 존스를 강력히 설득하지 않을 것이지만 존스가 올 것이다.

스미스가 존스를 강력히 설득하는 경우에만 존스가 올 것이지만, 스미스가 존스를 강력히 설득할 것이다.

---

2. 다음 명제 중 어느 명제들이 진리 함수적으로 동치인가? 명제를 테마 10에서처럼 축약형을 사용하여 논리곱과 부정명제로 바꾸고, 명제 하나를 다른 명제로 변형해서 각 동치를 증명하시오.

만약 올해 가뭄 또는 허리케인이 발생한다면 나머지 주민이 이주할

---

* Cf. 『수리 논리학』, 테마 4-테마 5. 앨프레드 타르스키, 『논리학 입문 Introduction to Logic』(뉴욕, 1941), pp.29-32. 루돌프 카르나프Rudolf Carnap, 『언어의 논리적 구문론Logicall Syntax of Language』(뉴욕, 런던, 1937), pp.153-160, pp.245-260.

것이다.

만약 올해 가뭄이 발생한다면 나머지 주민이 이주할 것이다 또는 만약 올해 허리케인이 발생한다면 나머지 주민이 이주할 것이다.

만약 올해 가뭄과 허리케인이 발생한다면 나머지 주민이 이주할 것이다.

만약 올해 가뭄이 발생한다면 나머지 주민이 이주할 것이다 그리고 만약 올해 허리케인이 발생한다면 나머지 주민이 이주할 것이다.

만약 올해 가뭄이 발생한다면, 그렇다면 만약 올해 허리케인이 발생한다면 나머지 주민이 이주할 것이다.

---

3. 위 연습문제의 해답에서 도식들이 서로 함의하는지 이중으로 검사해보시오.

3장　양화

테마 28. '어떤 것'

지금까지 우리는 명제를 요소명제로 분해해서 분석했다. 따라서 요소명제를 포함하지 않는 명제는 분석 범위 바깥에 있었다. 하지만 이제는 요소명제를 포함하지 않는 단순 명제를 살펴보며 명제가 아니라 명제를 구성하는 표현에 집중할 차례다. 그리고 '어떤 것'이라는 단어와 관련된 용어를 포함하는 관용 표현을 중점적으로 분석할 것이다.

다음의 참인 명제 두 개를 살펴보자.

(1) 런던은 크고 소란스럽다.

(2) 런던은 크다 그리고 런던은 소란스럽다.

분명히 이 두 명제는 똑같은 뜻을 그저 다른 방식으로 표현했을 뿐이다. 그리고 둘 다 기호를 사용해서 다음과 같은 논리곱으로 나타낼 수 있다.

런던은 크다 • 런던은 소란스럽다

이 논리곱은 참인 명제 '런던은 크다'와 참인 명제 '런던은 소란스럽다'의 논리곱이다. 다음의 거짓인 명제 두 개도 살펴보자.

(3) 런던은 크고 작다.

(4) 런던은 크다 **그리고** 런던은 작다.

이 두 명제도 아래의 논리곱을 그저 다른 방식으로 표현한 것이다.

런던은 크다 • 런던은 작다

이 논리곱은 참인 명제 '런던은 크다'와 거짓인 명제 '런던은 작다'의 논리곱이다. 그런데 다음 두 명제는 앞의 예문과 다르다.

(5) 어떤 것은 크고 작다.

(6) 어떤 것은 크고 어떤 것은 작다.

이 두 명제는 똑같은 뜻을 그저 다른 방식으로 표현한 것이 아니다. 사실 (6)은 다음 논리곱과 일치한다.

어떤 것은 크다 • 어떤 것은 작다

이 논리곱은 참인 명제 '어떤 것은 크다'와 참인 명제 '어떤 것은 작다'의 논리곱이며, 따라서 참이다. 하지만 (5)는 거짓이며 위의 참인 논리곱으로 바꿔서 표현할 수 없다.

그러므로 (5), (6) 한 쌍은 (1), (2) 한 쌍과 (3), (4) 한 쌍과 겉으로 유사해 보이지만 사실은 그렇지 않다. (5), (6)과 같은 명제의 논리는 더 자세한 표현으로 바꾸어서 분명하게 나타낼 수 있다.

(7) 어떤 것이 있는데 그것은 크고 작다.

(8) 어떤 것이 있는데 그것은 크다 **그리고** 어떤 것이 있는데 그것은 작다.

(5)를 (7)로 바꾸어서 표현하면 (5)가 (1), (3)과 유사하다는 오해를 없앨 수 있다. (7)에서 (1), (3)과 유사한 부분은 (7) 전체가 아니라 다음 일부이다.

(9) 그것은 크고 작다.

이렇게 (7) 일부와 (1), (3)이 이 정도 유사하다는 사실은 부정할 수 없다. (7)의 일부인 (9)를 다음과 같이 적절하게 늘여서 표현할 수 있기 때문이다.

(10) 그것은 크다 **그리고** 그것은 작다.

이는 (1)을 (2)로, (3)을 (4)로 늘여서 표현할 수 있는 것과 마찬가지다. 그러므로 (7)을 다음과 같이 다르게 표현할 수 있다.

(11) 어떤 것이 있는데 그것은 크다 그리고 그것은 작다.

그런데 (11)은 (6), (8)과 근본적으로 다르다. (11)은 '어떤 것이 있다'와 논리곱 형태인 (10)이 차례대로 결합되어 있지만, 반면에 (8)은 '어떤 것이 있다'로 시작하는 명제 두 개가 결합한 논리곱이기 때문이다.

이런 표현을 간결하게 표기하기 위해서 '…가 있다'를 'ㅋ'로 나타내자. 그러므로 (11)은 다음과 같다.

(12) ㅋ 어떤 것 (그것은 크다 • 그것은 작다)

그리고 (8)은 다음과 같다.

(13) ㅋ 어떤 것, 그것은 크다 • ㅋ 어떤 것, 그것은 작다

(12)는 (11), (7), (5)와 일치하며 거짓이다. 반면에 (13)은 (8), (6)과 일치하며 참이다.

연습문제

'어떤 것'에 관해 앞서 서술한 내용을 '아무것도 없다'와 '모든 것'에 어느 정도까지 적용할 수 있겠는가? 세 표현의 유사성이 깨질 것을 예상하고 두 경우를 각각 면밀하게 검토해보라.

테마 29. 양화사

(1) 보스턴은 런던에서 멀다.

(1)에서 런던에 관해 진술한 내용이 어떤 것에 해당하는 내용이라고 말하려면, 보통 '런던' 대신 '어떤 것'을 쓰고 다음과 같은 문장을 만들 것이다.

(2) 보스턴은 어떤 것에서 멀다.

하지만 테마 28에서처럼 기호를 사용할 수도 있다. 이때 (1)에서 '런던' 대신 '그것'을 쓰고, '∃ 어떤 것'을 명제 앞에 덧붙인다.

(3) ∃ 어떤 것, 보스턴은 그것에서 멀다

이와 유사하게, (2)에서 보스턴에 관해 진술한 내용이 어떤 것에 해당하는 내용이라고 말하려면, '보스턴' 대신 '어떤 것'을 쓰고 다음과 같은 문장을 만들 것이다.

(4) 어떤 것은 어떤 것에서 멀다.

또는 기호를 사용해서 (2)의 '보스턴' 대신 '그것'을 쓰고 '∃ 어떤 것'을 명제 앞에 덧붙일 수 있다.

(5) ∃ 어떤 것, 그것은 어떤 것에서 멀다

그런데 다음 (5)의 일부 역시 기호를 사용해서 표현을 바꿀 수 있다.

(6) 그것은 어떤 것에서 멀다.

(5)의 일부인 (6)을 기호로 표현하려면, (2)를 (3)으로 바꾼 방식을 다시 적용하면 된다. (6)은 '보스턴' 대신 '그것'

을 썼다는 사실만 제외하면 (2)와 같으므로, (3)에서 '보스턴'을 '그것'으로 바꾸면 될 것이다.

(7) ∃ 어떤 것, 그것은 그것에서 멀다

이제 (5)에서 (6) 대신 (7)을 쓴다면, 다음과 같이 (5)를 완전히 기호로 나타낼 수 있다.

(8) ∃ 어떤 것, ∃ 어떤 것, 그것은 그것에서 멀다

하지만 (8)도 확실히 만족스럽지는 않다. 첫 번째 '어떤 것'과 상응하는 '그것'과 두 번째 '어떤 것'과 상응하는 '그것'을 구별할 수 없기 때문이다. '어떤 것'과 '그것'에 임의로 숫자 첨자를 덧붙여서 이 문제를 해결할 수 있을 것이다. 그러므로 (3)과 (5)는 각각 다음과 같이 나타낼 수 있다.

(9) ∃ 어떤 것2, 보스턴은 그것2에서 멀다

(10) ∃ 어떤 것1, 그것1은 어떤 것에서 멀다

이때 (10)의 일부를 더 자세히 살펴보자.

(11) 그것1은 어떤 것에서 멀다

(11)이 (2)와 다른 점은 '보스톤' 대신 '그것1'을 사용했다는 사실뿐이다. 따라서 (2)를 (9)로 바꾼 것처럼 (11)도 아래와 같이 기호로 표현할 수 있다.

(12) ∃ 어떤 것2, 그것1은 그것2에서 멀다

그리고 (10)에서 (11)대신 (12)를 쓰면 다음과 같다.

(13) ∃ 어떤 것1, ∃ 어떤 것2, 그것1은 그것2에서 멀다

(13)은 (10)과 (4)를 완전히 기호를 사용한 표현으로 바꾼 것이다. 그리고 (8)의 문제점도 해결되어 있다.

첨자를 이용하는 구별법 대신 흔히 쓰는 '전자'와 '후자'라는 단어를 사용할 수도 있다. (13)을 있는 그대로 문장으로 옮겨보면 다음과 같다.

어떤 것이 있고 어떤 것이 있는데 전자는 후자에서 멀다.

일반적으로 위와 같은 표현은 첨자를 덧붙인 '∃ 어떤 것' 대신 '(∃x)', '(∃y)' 등을 사용해서 압축한다. 그리고 첨자를 덧붙인 '그것' 대신 각 '그것'과 상응하는 문자 'x', 'y' 등을 사용한다. 그러므로 (9)와 (13)을 다시 표기하면 각각 다음과 같다.

(14) (∃x) 보스턴은 x에서 멀다

(15) (∃y)(∃x) y는 x에서 멀다

테마 28(12)와 테마 28(13)도 같은 방식으로 바꾸어서 표현하면 각각 다음과 같다.

(16) (∃x)(x는 크다 • x는 작다)

(17) (∃x) x는 크다 • (∃y) y는 작다

이때 (17)은 사실상 아래처럼 표현할 수도 있다.

(18) (∃x) x는 크다 • (∃x) x는 작다

(15)와 같은 경우에만 서로 다른 문자를 써야 한다.

명제 앞에 붙는 '(∃x)', '(∃y)' 등을 **양화사**(quantifier)라고 한다. 그리고 양화사를 이용한 명제 구성을 양화(quantification)라고 한다. 이런 방식으로 구성된 명제 또한 양화라고 한다. 양화사는 편의상 'x인 어떤 것이 있는데 그것은 …'으로 읽는다. 그러므로 (15)는 'y인 어떤 것이 있고 x인 어떤 것이 있는데 y는 x에서 멀다'로 읽을 수 있다.

연습문제

다음 명제를 양화사와 논리곱을 사용한 표기법으로 바꾸어서 표현해보시오.

새디가 엠포리엄에서 어떤 것을 훔쳤다.

새디가 엠포리엄에서 어떤 것을 훔쳤지만 그것을 되돌려주었다.

새디가 엠포리엄에서 어떤 것을 훔쳤고 그것을 어떤 것과 교환했다.

테마 30. 변항과 열린 문장

앞에서 살펴보았듯이 '(∃x)'에서 'x'는 '어떤 것'에 해당한다. 그리고 '(∃x)' 이후에 다시 나오는 'x'는 '어떤 것'을 가리키는 '그것'에 해당한다. 이 'x'를 변항(variable)이라고 한다. 'y'와 'z' 등도 마찬가지다. 변항으로 사용하는 문자에 강세 기호를 덧붙여서 새로운 변항을 만들 수 있으므로 변항이 부족해지는 일은 없다. 그러므로 변항은 'u', 'v', 'w', 'x', 'y', 'z', 'u′', 'v′', 'u″' 등으로 나타낼 수 있다.

변항은 명제 문자와 유사한 점이 거의 없다. 명제 문자는 명제의 자리에 놓이지만 변항은 그렇지 않다. 오히려 변항은 'x에서 멀다'나 'x는 크다'에서처럼 명사와 대명사의 자리에 놓인다. 게다가 변항은 양화사 내부에도 놓이지만, 명제 문자는 그렇지 않다. 또한, 명제 문자는 도식 내부에 놓이지만 명제 내부에는 절대 놓이지 않는 반면, 변항은 곧바로 명제 내부에 놓인다는 사실도 본질적 차이점이다. 예를 들어 변항 'x'는 명제 테마 29(14) 내부에 사용되었으며, 기호를 사용해서 표현한 테마 29(14)는 명제 테마 29(2)와 같다.

하지만 변항은 양화사 없이는 명제에서 사용될 수 없

다. 테마 29(16)에서 'x는 크다'는 명제가 아니라 그저 명제 테마 29(16)~테마 29(18)의 일부일 뿐이다. 'x는 크다'와 같은 명제의 일부를 **열린 문장**(open sentence)이라고 부른다. 열린 문장은 명제가 아니며, 양화사를 적용해서 명제를 만들 수 있는 표현이다. 'x는 크다' 같은 열린 문장은 양화사 '(∃x)'를 적용해서 명제 '(∃x) x는 크다'를 만들 수 있다.

(1) x는 크다 • x는 작다

이 열린 문장은 양화사 '(∃x)'를 적용해서 명제 테마 29(16)를 만들 수 있다[위의 (1)이 논리곱 형태이기 때문에 양화사를 적용할 때 괄호를 사용해야 한다].

(2) (∃x) y는 x에서 멀다

이 열린 문장은 '(∃y)'를 적용해서 명제 테마 29(15)를 만들 수 있다.

(3) y는 x에서 멀다

이 열린 문장은 양화사 '(∃x)'와 '(∃y)'를 잇달아 적용해서 명제 테마 29(15)를 만들 수 있다.

열린 문장은 언제나 명제 형식이지만, 양화사에 종속되지 않은 변항을 포함한다. 열린 문장의 변항은 일상 언어의 '그것'이나 '전자', '후자'와 유사할 것이다(테마 29 참고). 그러므로 열린 문장 'x는 크다'는 문장 '그것은 크다'와 상응한다. 그리고 위의 (2)는 '그것은 어떤 것에서 멀다'와 상응한다. (3)은 '전자는 후자에서 멀다'와 상응한다. 그러므로 관련된 양화사에 종속되지 않은 변항은 일상 문장에서 선행사가 제시되어 있지 않은 대명사로 나타난다고 볼 수 있다. 선행사가 없는 대명사를 포함하는 문장은 열린 문장과 상응한다.

물론, '비가 내린다(it is raining)'처럼 '그것(it)'에 해당하는 선행사가 필요 없는 관용 표현도 있다. 또한, 엘 캐피턴 산에 관해 설명하면서 '그것은 가파르다'라고 말하는 것처럼 대명사가 가리키는 선행사를 암묵적으로 이해할 수 있는 상황도 있다. 이런 방식으로 진짜 명제나 명제에서 암시적인 부분은 선행사가 없는 '그것'을 포함할 수 있다. 하지만 암묵적 선행사를 제외하고 생각해보면 '그것은 가파르다', '그것은 어떤 것에서 멀다', '전자는 후자에서 멀다'와 같은 문장은 분명히 어떤 내용도 확실하게 말하지 않으며 그래서 결코 명제가 아니다. 이런 문장은 그저 전체 명제라는 더 긴 표현의 구성요소가 될 수 있는 조각일 뿐이다. 그리고 이런 조각은 열린 문장의 언어적 원형이다.

명제가 될 수 있는 형식은 모두 똑같이 열린 문장의 형식이 될 수 있으며, 특히 열린 문장은 부정문이 될 수 있다. 예를 들어 '~x가 크다'도 가능하다. 마찬가지로, 열린 문장은 위의 (1)처럼 논리곱이 될 수도 있고, (2)처럼 양화가 될 수도 있다. 그러므로 이제 부정은 명제를 다른 명제로 바꾸는 것뿐만 아니라 열린 문장을 다른 열린 문장으로 바꾸는 것도 포함한다고 설명할 수 있다. 이와 유사하게 논리곱은 복수의 명제를 결합해서 명제 하나를 만드는 것뿐만 아니라 복수의 열린 문장을 결합해서 열린 문장 하나를 만드는 것이기도 하다. 게다가 양화는 명제 또는 열린 문장을 만든다. 위의 (1)에 양화사를 적용하면 명제 테마 29(16)이 되고, 위의 (3)에 양화사를 적용하면 열린 문장 (2)가 된다.

양화사가 문장에서 특정한 위치에 놓이면 해석이 불분명해진다. 다음 형태는 각각 어떻게 이해해야 할까?

(4) (∃x)(x는 도시다 • (∃x) x는 크다)

(5) (∃x) 소크라테스는 언젠가 죽는다

(6) (∃x) y는 언젠가 죽는다

양화사를 사용할 때 특정한 문법적 제한을 둬서 이런 문제를 막을 수 있다. 다만 문법은 간단하게 정리하고 복잡한 경우를 해석하는 규정을 보충하는 편이 더 수월할 것이다. (4)에서처럼 '(∃x)'가 적용된 열린 문장에서 다시 '(∃x)'가 나타날 때, 'x는 크다'의 'x'는 분명히 더 가까운 '(∃x)' 또는 더 먼 '(∃x)'에 속할 수 있다. 하지만 'x는 크다'의 'x'는 더 가까운 '(∃x)'에 속한다는 규정이 최선일 것이다. 따라서 (4)는 다음과 같이 해석할 수 있다.

(∃x)(x는 도시다 • (∃y) y는 크다)

즉 '어떤 것이 있는데 그것은 도시이고 어떤 것은 크다'와 같다.

(5)와 (6)과 같은 경우, 최선의 규정은 적용할 변항이

없는 양화사를 무의미하다고 간주하는 것이다. 그러므로 (5)는 간단히 명제 '소크라테스는 언젠가 죽는다'와 상응하고, (6)은 열린 문장 'y는 언젠가 죽는다'와 상응한다.

연습문제

---

1. 다음 중 명제는 무엇인가? 또 열린 문장은 무엇인가? 다만, 하나는 명제도 열린 문장도 아니다.

(∃x)(톰은 x를 y와 교환했다 • p)

(∃x)(톰은 x를 y와 교환했다 • 톰은 y를 잃어버렸다)

(∃x)((∃y) 톰은 x를 y와 교환했다 • 톰은 y를 잃어버렸다)

(∃x)(∃y)(톰은 x를 y와 교환했다 • 톰은 y를 잃어버렸다)

(∃x)((∃y) 톰은 x를 y와 교환했다 • (∃y) 톰은 y를 잃어버렸다)

(∃y)((∃x) 톰은 x를 y와 교환했다 • 톰은 y를 잃어버렸다)

---

2. 연습문제 1번의 각 명제와 열린 문장을 가능한 한 간결하고 자연스러운 언어 표현으로 바꾸어 보시오.

테마 31. '어떤'의 변이형

앞선 테마에서 양화사는 '어떤 것이 있는데'라는 언어적 표현과 일치하고, 양화사에 포함된 변항은 양화사 뒤에 다시 나타나며 '그것'과 일치한다는 사실을 확인했다. 양화사와 의미가 같은 언어적 표현에는 다양한 변이형이 있다. 예를 들어 '무언가가 있는데', '적어도 한 가지가 있는데'가 있다. '것' 대신 '대상'이나 '존재' 같은 유의어를 사용할 수 있고, '있다' 대신 '존재하다'를 사용할 수 있다. 또한, 이런 언어적 표현은 '어떤 것이 하나 또는 그 이상이 있는데', '하나 또는 그 이상의 존재가 있는데' 등과 같이 의미가 똑같은 복수 형태가 될 수도 있다. 이 복수형은 단순히 '어떤 것들이 있는데', '대상들이 있는데', '존재들이 있는데' 등으로 간단히 나타내고 '둘 또는 그 이상이 있다'가 아니라 '하나 또는 그 이상이 있다'라는 뜻으로 이해할 수 있다. 테마 28에서 테마 30까지 고안한 양화사 표기는 이 모든 언어적 표현과 똑같이 일치하며, 앞으로 살펴볼 다른 표현과도 마찬가지로 일치한다.

대개 '어떤 것'을 가리키는 '그것'과 '그것들'은 생략되며 뒤에 이어지는 내용이 '어떤 것'을 수식한다. 보통 우리는 '어떤 것이 있는데 그것은 말라리아를 치료한다' 대신 다음과 같이 말한다.

(1) 말라리아를 치료하는 어떤 것이 있다.

명사 앞에 오는 '어떤 것이 있는데 그것은'은 대체로 전부 생략된다. 예를 들어서 우리는 '어떤 것이 있는데 그것은 다리가 다섯 개 달린 송아지다' 대신 간단히 '다리가 다섯 개 달린 송아지가 있다', '다리가 다섯 개 달린 송아지가 존재한다'라고 말한다. '어떤 것들이 있는데 그것들은', '어떤 존재들이 있는데 그것들은' 등도 명사 앞에서는 대체로 생략된다. 예를 들어서 '어떤 것들이 있는데 그것들은 다리가 다섯 개 달린 송아지들이다' 또는 '다리가 다섯 개 달린 송아지인 것들이 존재한다' 대신 간단히 다음과 같이 말한다.

(2) 다리가 다섯 개 달린 송아지들이 있다.

(3) 다리가 다섯 개 달린 송아지들이 존재한다.

하지만 기호를 사용한 표기는 여전히 똑같다.

(4) $(\exists x)$ x가 말라리아를 치료한다

(5) $(\exists x)$ x는 다리가 다섯 개 달린 송아지다

그런데 (5)는 다음과 같이 조금 더 자세히 분석할 수 있다.

(6) $(\exists x)$(x는 다리가 다섯 개 달렸다 • x는 송아지다)

양화를 일상 문장으로 바꾸는 방법은 많다. 또는 반대로 생각해보면, 기호로 나타냈을 때 모두 똑같은 양화로 바꿀 수 있는 언어 표현이 많다. 이 테마에서 언급한 여러 가지 표현 외에도 테마 28(5), 테마 28(6), 테마 29(2), 테마 29(4)에서 먼저 언급했던 표현 방식도 고려해야 한다. 명제 테마 28(5), 테마 28(6), 테마 29(2), 테마 29(4)에서 '어떤 것'은 '있다'나 '존재한다', '그것' 없이 단독 명사로 사용된다. 또한 '어떤 것' 역시 변이형이 몇 가지 있다. '어떤 것' 대신 '어떤 대상'이나 '어떤 존재', '적어도 한 가지' 등을 사용할 수 있고, 앞서 살펴보았듯이 뜻이 똑같은 복수 형태를 사용할 수도 있다. 이 표현 모두 테마 28(5), 테마 28(6),

테마 29(2), 테마 29(4)를 테마 29(14)~테마 29(18)로 바꾸어서 표현한 것과 정확히 똑같은 방식으로 기호를 사용해서 표기할 수 있다. 즉, '어떤 것'이나 그 변이형 대신 변항을 쓰고 그 앞에 양화사를 놓으면 된다.

연습문제

이 테마의 내용을 고려했을 때, 테마 30의 연습문제 2번에 새로운 답을 얼마나 많이 추가할 수 있겠는가?

테마 32. '어떤'의 한정

'어떤 것', '대상', '존재' 등을 '도시'나 '송아지' 등과 같은 더 한정적 단어로 바꾼다는 사실만 제외하고 테마 31에서 살펴본 표현들과 정확히 똑같은 중요한 표현법이 있다. 예를 들어서 테마 29(2)와 유사하지만 더 구체적인 다음 명제를 살펴보자.

(1) 보스턴은 어떤 도시에서 멀다.

이 명제는 아래와 같이 다르게 표현할 수도 있다.

> 어떤 것이 있는데 그것은 도시<u>이고</u> 보스턴은 그것에서 멀다.

그리고 이 표현을 기호로 나타내면 다음과 같다.

(2) (∃x)(x는 도시다 • 보스턴은 x에서 멀다)

위의 (1)을 (2)로 바꾸는 것과 테마 29(2)를 테마 29(14)로 바꾸는 것의 유일한 차이점은 'x는 도시다'가 논리곱 내부에 삽입되었다는 사실이다. 이와 유사하게, '어떤 것은 다리가 다섯 개 달렸다'를 기호로 표현하면 다음과 같다.

(∃x) x는 다리가 다섯 개 달렸다

그리고 '어떤 송아지는 다리가 다섯 개 달렸다'를 기호로 표현하면 다음과 같다.

(∃x)(x는 송아지다 • x는 다리가 다섯 개 달렸

다)

위의 양화는 다리가 다섯 개 달린 송아지가 있다는 말을 그저 다르게 표현한 것일 뿐이다〔테마 31(6) 참고〕.

영어에서 명사 앞에 사용되는 '어떤'은 가끔 간단하게 '하나(a/an)'로 대체된다. 예를 들어 '내가 시를 한 편 썼다(I wrote a poem)'를 기호로 표현하면 다음과 같다.

(3) (∃x)(x는 시 한 편이다 • 내가 x를 썼다)

하지만 대개 '하나'로는 '어떤'의 의미를 나타낼 수 없다. '나는 거짓말쟁이를 혐오한다(I loathe a liar)'라고 말한다면, 단순히 내가 혐오하게 된 거짓말쟁이가 적어도 한 명 있다는 뜻이 아니라 내가 거짓말쟁이를 모두 혐오한다는 뜻이다. 이런 이유때문에, 명제 구성과 마찬가지로(테마 5, 테마 11 참고) 문장을 기호로 바꾸는 완벽하고 확실한 규칙을 만들 가능성은 거의 없다. 그래서 어느 정도는 발화 의도를 추측해야 한다.

(1)처럼 '어떤 것'의 '것'을 한정적 명사로 대체할 때와 마찬가지로, 보통 '어떤 것'을 그대로 사용하고 그 앞에 형

용사를 덧붙여도 의미를 한정하는 효과를 거둘 수 있다. 예를 들어 '상자에 담긴 어떤 것은 좋다'를 기호로 나타내보자.

(4) (∃x)(x는 좋다 • x는 상자에 담겨 있다)

마찬가지 방식으로 '큰 어떤 것은 작다'는 테마 29(16)으로 바꿀 수 있다. 보통 형용사 하나를 덧붙이는 대신에 형용사구나 형용사절을 삽입하기도 한다. 즉, 영어에서는 'which'나 'that'을 사용하는 관계사절을 삽입할 수 있다.

(5) 알을 낳는 어떤 것은 새끼에게 젖을 먹인다.

이 명제를 기호로 나타내면 다음과 같다.

(∃x)(x는 알을 낳는다 • x는 새끼에게 젖을 먹인다)

다음 명제도 살펴보자.

(6) 내 약품 상자에 말라리아를 치료하는 어떤 것이

있다.

이 명제는 테마 31(1)에 형용사구를 삽입해서 만들었다. 이 명제를 기호로 나타내면 다음과 같다.

(∃x)(x는 내 약품 상자에 있다 • x는 말라리아를 치료한다)

위의 방법은 흔히 다른 한정적 용어와 결합하여 사용된다. 예를 들어 (5)의 '것'을 더 한정적 단어 '두발짐승'으로 대체하면 다음과 같은 명제가 된다.

(7) 알을 낳는 어떤 두발짐승은 새끼에게 젖을 먹인다.

이 명제를 기호로 나타내면 다음과 같다.

(8) (∃x)(x는 두발짐승이다 • x는 알을 낳는다 • x는 새끼에게 젖을 먹인다)

명제 (5)에서 '어떤 것' 앞에 '오스트레일리아에 사는'을 삽입하고 기호로 나타내면 다음과 같다.

(∃x)(x는 오스트레일리아에 산다 • x는 알을 낳는다 • x는 새끼에게 젖을 먹인다)

이런 표현법에서 '어떤'은 테마 31에서 살펴본 표현법과 마찬가지로 '적어도 한 가지'나 '일부'로 대체될 수 있다. 또 이런 표현은 모두 의미의 변화 없이 복수형으로 바뀔 수 있다. 예를 들어, '어떤 송아지는 다리가 다섯 개 달렸다'는 '하나 또는 그 이상의 송아지는 다리가 다섯 개 달렸다'로, 혹은 더 간단하게 '어떤 송아지들은 다리가 다섯 개 달렸다'로 바꿔서 표현할 수 있다. 이때 복수의 대상을 가리키는 '어떤'은 '둘 또는 그 이상'이 아니라 '하나 또는 그 이상'으로 해석한다. 마찬가지로 (7)은 '알을 낳는 어떤 두발짐승들은 새끼에게 젖을 먹인다'로 표현할 수 있다. 복수 명사에 적용되는 '어떤'은 '…들 중 어떤 일부'로 더 자세하게 표현할 수 있지만 의미는 달라지지 않는다.

연습문제

1. 이 테마의 내용을 고려했을 때, 테마 31의 연습문제에 새로운 답을 얼마나 많이 추가할 수 있는가?

2. 다음 문장을 열린 문장 일곱 개가 결합한 논리곱을 포함하는 양화로 바꾸어보시오.

나는 누가 보냈는지 내용물이 무엇인지 모두 알 수 없는 정사각형 모양의 초록색 상자를 들고 자세히 살펴보고 있었다.

테마 33. '아무것도 …않다'

명제에 '어떤'(특히 '어떤 것')이 포함되어 있을 때, 명제의 본동사에 '아니다(않다)'를 덧붙이더라도 대체로 명제 전체를 부정하지 않는다(테마 4 참고). 동사를 부정형으로 바꾸어도 대개는 '어떤'이 포함된 명제의 부정명제가 아니라 그저 '어떤'이 포함된 다른 명제 유형으로 변할 뿐이다. 예를 들어서, '조지가 어떤 것을 따분하게 여기지 않는다'는 '조지가 어떤 것을 따분하게 여긴다'의 부정명제가 아니다. '조지가 어떤 것을 따분하게 여긴다'를 기호로 표현하면 다음과 같다.

(1) (∃x) 조지가 x를 따분하게 여긴다

그리고 '조지가 어떤 것을 따분하게 여기지 않는다'는 아래의 부정명제가 아니다.

(2) ~(∃x) 조지가 x를 따분하게 여긴다

'조지가 어떤 것을 따분하게 여기지 않는다'는 다음과 같다.

(3) (∃x)~조지가 x를 따분하게 여긴다

이 양화는 세상에 적어도 조지가 따분하게 여기지 않는 어떤 것들이 있다는 뜻이다. (1)과 (3)은 서로의 부정이 아니며, 아마 둘 다 참일 것이다.

'조지가 어떤 것을 따분하게 여긴다'를 부정하는 일반적 방법은 '어떤'을 '아무것도…않다(없다)'로 바꾸는 것이다. 그러므로 (2)는 '조지가 아무것도 따분하게 여기지 않는다'를 기호로 표현했다고 보아야 한다. 이와 유사하게 앞선 테마에서 설명한 '어떤' 표현법도 각각 '어떤'을 '아무것도…않다'로 바꾸어서 부정할 수 있다. 테마 28(5)의 부정은 '아무것도 크고 작지 않다'이다. 테마 32(1)의 부정은 '보스턴은 아무 도시에서도 멀지 않다'이다. 테마 31(2)의 부정은 '아무 송아지도 다리가 다섯 개 달려 있지 않다'이다. 테마 32(7)의 부정은 '알을 낳는 아무 두발짐승도 새끼에게 젖을 먹이지 않는다'이다. 각각을 기호로 나타내면 다음과 같다.

(4) ~(∃x)(x는 크다 • x는 작다)

(5) ~(∃x)(x는 도시다 • 보스턴은 x에서 멀다)

(6) ~(∃x)(x는 다리가 다섯 개 달렸다 • x는 송아지다)

(7) ~(∃x)(x는 두발짐승이다 • x는 알을 낳는다 • x는 새끼에게 젖을 먹인다)

양화 표기법으로는 앞선 테마에서 언급한 '어떤' 표현법 전부뿐만 아니라 정확히 똑같은 '아무것도 …않다' 표현법도 모두 나타낼 수 있다. '어떤' 표현법과 '아무것도 …않다' 표현법을 기호로 나타냈을 때 유일한 차이점은 양화의 가장 앞에 있는 부정 기호뿐이다.

'(∃x)'를 '어떤 것이 있는데 그것은'이나 '…한 어떤 것이 있다'로 읽듯이, 위의 (2)와 (4)~(7)에서 '~(∃x)'는 '…한 것은 아무것도 없다'로 읽을 수 있다. (1)과 같은 명제에서는 '(∃x)'에 뒤이어 나오는 내용이 ('x' 대신 지명될 것으로 여겨지는) 어떤 존재에 관해서 참인 경우에만 전체 명제가 참이 될 수 있다. 마찬가지로 (2), (4)~(7)과 같은 명제는 '~(∃x)'에 뒤이어 나오는 내용에 대해 참인 존재가 아무것도 없을 때만, 즉 그 내용이 모든 존재에 대해서 거짓인 경우에만 전체 명제가 참이 될 수 있다. 반면에 (3)과 같은 명제는 '(∃x)~'에 뒤이어 나오는 내용이 어떤 대상에 대해서 거짓일 경우에만 전체 명제가 참이다. 물론, '~(∃x)'과 '(∃x)~'에 포함된 기호는 자립 단위로서 사실상 서로 일치하지 않는다. (2)에서 '~'는 '(∃x)'가 아니라 (1) 전체에 적용되었고, (3)에서 '(∃x)'는 '~'가 아니라 '~조지는 x를 따분해하게 여긴다' 전체에 적용되었다.

‘어떤’을 ‘아무것도 …않다’로 바꾸는 방법이 유일하게 ‘어떤’ 표현법을 부정하는 방법은 아니다. 앞에서 확인했듯이, 그저 ‘어떤’ 명제의 본동사만 부정형으로 바꾼다고 해서 ‘어떤’ 명제 전체를 부정할 수는 없다. 하지만 명제의 본동사를 부정형으로 바꾸고 ‘어떤’에 조사 ‘…도’를 덧붙이면 대체로 명제 전체를 부정할 수 있다. 예를 들어, (5)는 ‘보스턴은 어떤 도시에서도 멀지 않다’로 해석해도, ‘보스턴은 아무 도시에서도 멀지 않다’로 해석해도 의미가 같다. (6)은 ‘어떤 송아지도 다리가 다섯 개 달려 있지 않다’로 해석해도, ‘아무 송아지도 다리가 다섯 개 달려 있지 않다’로 해석해도 의미가 같다. 또한, 우리는 ‘조지가 어떤 것을 따분하게 여기지 않는다’가 ‘조지가 어떤 것을 따분하게 여긴다’의 부정명제가 아니라는 사실을 살펴보았다. 그리고 이제는 ‘보스턴은 어떤 도시에서도 멀지 않다’는 ‘보스턴은 어떤 도시에서도 멀다’의 부정이 아니라 ‘보스턴은 어떤 도시에서 멀다’의 부정이라는 사실도 확인할 수 있다(테마 35 참고).

위의 (2), (4)~(7)과 같은 명제를 언어로 표현할 때 항상 ‘어떤’을 사용할 필요가 없듯이, 그 부정명제를 표현할 때도 항상 ‘아무것도 …않다’나 ‘어떤 …도 아니다’를 사용할 필요가 없다. 예를 들어서 테마 31(6)을 문장으로 바꿀 때 테마 31(2)뿐만 아니라 테마 31(3)도 가능하므로, 위의 부정 양화 (6)은 문장으로 바꿀 때 다음의 부정명제로 표현할 수도 있다.

다리가 다섯 개 달린 송아지는 존재하지 않는다.

이 명제는 테마 31(3)을 부정한다. 앞서 언급한 대로, 명제가 '어떤'을 포함할 때 본동사를 부정형으로 바꾸더라도 부정명제를 만들 수 없다. 하지만 테마 31(3)처럼 '어떤'을 포함하지 않는 명제 형태는 본동사를 부정형으로 바꾸면 부정명제를 만들 수 있다. 물론 '어떤 …도 아니다' 명제 역시 다소 부자연스럽더라도 '…인 것은 아니다'를 명제 전체에 적용해서 부정할 수 있다(테마 4 참고). 그러므로 위의 (2), (4)～(7)와 같은 명제를 해석하는 다양한 방법 전체는 테마 31과 테마 32에서 살펴본 표현법 전체에 간단히 '…인 것은 아니다'를 적용해서 얻을 수 있다.

연습문제

---

1. 테마 30의 연습문제 1번에 있는 명제를 각각 부정하고 '아무것도 …않다(없다)' 표현법을 사용해서 자연스러운 부정문으로 표현해보시오.

---

2. 다음 문장을 가능한 한 완전히 기호로 바꾸어서 표현해보시오.

15세기부터 전해 내려오는 가죽으로 장정한 나의 책 중에 이 『플루타르코스 영웅전』만큼 잘 보존된 책은 아무것도 없다.

페다치오의 「결혼식 찬가」보다 더 간결하게 표현하면서도 전혀 어렵지 않게 해석할 수 있는 르네상스 시는 없다.

테마 34. '모든'

명제 테마 33(3)은 조지가 따분하게 여기지 않는 어떤 것이 있다는 뜻이다. 따라서 조지가 모든 것을 따분하게 여긴다고 말하려면 그저 테마 33(3)만 부정하면 된다.

(1) ~(∃x)~조지가 x를 따분하게 여긴다

다음 명제도 살펴보자.

(2) (∃x)~x는 x이다

이 명제는 자기 자신이 아닌 어떤 것이 있다는 뜻이다. 따라서 이 거짓을 부정하고 모든 것이 그 자신이라고 말하려면 다음과 같이 (2)를 부정하면 된다.

(3) ~(∃x)~x는 x이다

'모든 것'은 '어떤 것'을 다루면서 언급했던 다양한 방식으로 의미를 한정해서 사용할 수도 있고, '조지가 모든 것을 따분하게 여긴다', '모든 것은 그 자신이다'처럼 아무런 의미의 한정 없이 사용할 수도 있다. 테마 29에서 보았듯이, 의미의 한정 없이 사용하는 '어떤 것'을 기호로 바꾸려면 '어떤 것' 대신 'x'(또는 'y' 등)를 쓰고 양화사 '(∃x)'〔또는 '(∃y)' 등〕를 적용하면 된다. 마찬가지로 의미의 한정 없이 사용하는 '모든 것'을 기호로 바꾸려면 '모든 것' 대신 'x'를 쓰고 '~(∃x)~'를 적용하면 된다. 그리고 '(∃x)'를 'x라는 어떤 것이 있는데'로 읽고 '~(∃x)'를 'x라는 것은 아무것도 없는데'로 읽듯이(테마 33 참고), '~(∃x)~'는 'x가 어떤 것이든지'로 읽을 수 있다. 위의 (1)이나 (3)과 같은 명제는 '~(∃x)~'에 뒤이어 나와서 'x'에 관해 긍정하는 내용이 모든 존재에 해당하는 경우에만, 즉 그 내용이 어떤 존재에 대해서도 거짓이 아닌 경우에만 참이다. 물론, '~(∃x)~'에 포함된 기호들은 자립적 단위로서 서로 일치하지 않는다. (3)에서 첫 번째 '~'는 '(∃x)'이나 '(∃x)~'이 아니라 (2) 전체에 적용되며, '(∃x)'는 '~x는 x이다' 전체에 적용된다.

'어떤 것'에 형용사나 형용사구, 형용사절(관계사절)을 덧붙이거나 '것'을 새로운 명사로 대체해서 '어떤 것'을 한정하는 방법(테마 32)은 기호를 사용하는 논리적 표기에서 양화사 다음에 적절한 한정적 형용사절(관계사절)을 삽입하는 방법과 같다. '모든 것'의 의미를 한정하는 방법도 이와 유사하다. 예를 들어서, '조지가 모든 것을 따분하게 여긴다'는 '모든 것' 앞에 '내가 관심을 보이는'이라는 형용사절을 삽입하거나 '것'을 '야외 스포츠'라는 명사로 대체해서 의미를 한정할 수 있다. 이렇게 의미를 한정한 명제를 기호로 나타낼 때도 (1)의 '(∃x)'에 뒤이어 나오는 논리곱 내부에 '내가 x를 흥미로워한다' 또는 'x는 야외 스포츠다'를 삽입하면 된다.

(4) 조지는 내가 관심을 보이는 모든 것을 따분하게 여긴다.

(5) 조지는 모든 야외 스포츠를 따분하게 여긴다.

위의 두 명제를 기호로 나타내면 다음과 같다.

(6) ~(∃x)(내가 x에 관심을 보인다 • ~조지는 x를 따분하게 여긴다)

(7) ~(∃x)(x는 야외 스포츠다 • ~조지는 x를 따분하게 여긴다)

(4)는 내가 관심을 보이는데도 조지가 따분하게 여기지 않는 대상은 아무것도 없다는 말과 같다. 그리고 테마 33의 내용을 고려해서 기호로 바꾸어 나타내면 (6)으로 표기할 수 있다. (5)도 마찬가지로 해석하고 기호로 나타낼 수 있다.

물론, '모든 것'의 의미를 한정하는 것으로 여겨지는 단어나 구절은 사실상 암묵적으로 생략되는 경우가 많다. 청취자가 생략된 한정사를 스스로 파악할 수 있으리라고 믿기 때문이다. 예를 들어, '모든 것이 특급우편으로 왔다'라는 문장은 (1)과 같은 유형의 자명한 거짓이 아니라 (6), (7)과 같은 유형의 명제에 속해 있는 일부로 여겨질 것이다. 그런데 한정사를 생략하는 용법은 앞선 테마에서 살펴보았던 '어떤' 표현법과도 자주 결합한다. 예를 들어서 '상자 안에 어떤 것이 있다'라고 말한다면 '어떤 것이 공중이나 땅바닥 등에 있지 않다'라는 뜻일 것이다.

연습문제

다음 명제 중에서 기호로 나타냈을 때 서로 구별할 수 없는 것은 무엇인가?

모든 사람은 언젠가 죽는다.

사람인 모든 것은 언젠가 죽는다.

모든 것은 사람이 아니거나, 아니면 언젠가 죽는다.

아무것도 사람이 아니고 언젠가 죽지도 않는다.

어떤 사람이 언젠가 죽지 않는다는 것은 사실이 아니다.

어떤 사람도 언젠가 안 죽지 않는다.

언젠가 죽지 않는 사람은 없다.

테마 35. '모든'의 변이형

'어떤 것'과 마찬가지로(테마 31), '모든 것' 역시 '모든 대상', '모든 존재'라는 표현으로 대체할 수 있다. 또한 '어떤'과 마찬가지로(테마 31), '모든' 대신 '…한 것들 전체'를 사용해서 의미의 변화 없이 복수 형태로 나타낼 수 있다. 그러므로 테마 34(3)는 '모든 존재는 그 자신이다', '모든 것들은 그들 자신이다', '모든 대상은 그들 자신이다'로 해석할 수 있다. 그리고 테마 34(6)은 '조지는 내가 관심을 보이는 모든 것들을 따분하게 여긴다'나 '조지는 내가 관심을 보이는 것들 전체를 따분하게 여긴다'로 해석할 수 있다. 다음 명제를 살펴보자.

(1) 스미스는 팀의 모든 멤버를 이길 수 있다.

이 명제를 기호로 나타내면 다음과 같다.

(2) ~(∃x)(x는 팀의 멤버이다 • ~스미스는 x를 이길 수 있다)

그리고 다음과 같은 명제로 바꿔서 표현할 수도 있다.

(3) 스미스는 팀의 멤버 전체를 이길 수 있다.

그런데 (3)에서는 '전체'를 사용할 때 발생하는 문제가 잘 드러난다. (3)이 (1)과 (2)와 같은 의미인지, 아니면 스미스가 단독으로 팀 전체를 이길 수 있다는 의미인지 확신할 수 없기 때문이다. 스미스가 혼자서 팀 전체를 이길 수 있다는 의미는 (1), (2)와 거의 관련이 없으며, 사실 양화와도 전혀 관련이 없다. 단순하게 '스미스가 팀을 이길 수 있다'라고 표현할 수 있기 때문이다.

보통 '모든' 대신 '각각'이나 '어떤 …이든'을 사용할 수도 있다. 그러므로 테마 34(3)는 '각각이 그 자신이다', '어떤 것이든 그 자신이다'로 해석할 수 있다. (1)도 마찬가지로 표현해보자.

(4) 스미스는 팀의 멤버 각각을 이길 수 있다.

(5) 스미스는 팀의 어떤 멤버든 이길 수 있다.

하지만 이런 표현은 부정으로 바꾸면 의미가 완전히 달라진다는 사실을 알아두어야 한다. (1)의 '할 수 있다'를 '할 수 없다'로 바꾼다면 전체 명제의 부정명제를 만들 수 있다. 즉, '스미스는 팀의 모든 멤버를 이길 수 없다'는 (2)의 부정명제로, 다음과 같다.

(6) (∃x)(x는 팀의 멤버이다 • ~스미스는 x를 이길 수 있다)

이 명제는 팀에 스미스가 이길 수 없는 멤버가 (적어도 한 명) 있다는 뜻이다. (4)도 '할 수 있다'를 '할 수 없다'로 바꾸고 똑같이 해석한다. 반면에 (5)의 '할 수 있다'를 '할 수 없다'로 바꾸면 전혀 다른 뜻이 된다. '스미스는 팀의 어떤 멤버든 이길 수 없다'는 (5)의 부정명제가 아니며 (6)의 부정명제와도 다르다. 이 명제는 다음 명제와 같다(테마 33 참고).

~(∃x)(x는 팀의 멤버이다 • 스미스는 x를 이길 수 있다)

논리 기호를 사용하는 편이 더 유용한 전형적인 이유로 이런 변칙을 꼽을 수 있다.

일반적으로 아무런 의미 변화 없이 '모든'을 생략하거나, 명사를 복수 형태로 바꾸고 '전체'를 생략하는 방법도 가능하다.

(7) ~(∃x)(x는 사람이다 • ~x는 언젠가 죽는다)

이 명제는 '모든 사람은 언젠가 죽는다', '사람 전체는 언젠가 죽는다'뿐만 아니라 '사람은 언젠가 죽는다' 또는 '사람들은 언젠가 죽는다'로 간단하게 표현할 수 있다. 이와 유사하게 테마 34(7)도 '조지는 야외 스포츠들을 따분하게 여긴다'라고 간단히 표현할 수 있다. 하지만 '모든'이나 '…한 것들 전체'의 유의어를 전혀 사용하지 않은 명제가 완전히 다른 의미를 나타내는 예도 있다. 예를 들어서, '사람은 언젠가 죽는다'는 사람 각각이 언젠가 죽는다는 뜻이지만, '사람은 아득한 옛날부터 전쟁을 벌여왔다'는 사람 각각이 아득한 옛날부터 전쟁을 벌여왔다는 뜻이 아니다. 마찬가지로 '사람은 생물 종이다'는 사람 각각이 생물 종이라는 뜻이 아니다. 그리고 '사람들은 언젠가 죽는다'는 사람 각각이 언젠가 죽는다는 뜻이지만, '사람들이 많다'는 사람 각각이 많다는 뜻이 아니다.

영어에서 '하나(a/an)'는 보통 '어떤'과 같은 뜻이지만, '모든'과 같은 뜻을 나타낼 수도 있다. '하나'가 '모든'의 의미로 쓰이는 경우는 앞서 테마 32에서 언급했다. '모든'의 또 다른 변이형으로는 '…는 어떤 것이든'이 있다. 그러므로 테마 34(4)는 '조지는 내가 관심을 보이는 것은 어떤 것이든 따분하게 여긴다'로 해석할 수 있다.

위의 (2)와 (7), 테마 34(3), 테마 34(6), 테마 34(7) 등과 같은 명제는 '∼(∃x)'로 시작하므로, 일반적으로 이런 명제 유형에 적용될 수 있는 언어적 표현(테마 33)은 전부 '모든' 표현법을 대체할 수 있다. 예를 들어서 테마 34(3)에서 '∼(∃x)'는 사실상 'x는 그 자신이 아니다(∼x는 x이다)'에 적용되므로 이 명제는 '그 자신이 아닌 것은 아무것도 없다'로 해석할 수도 있다. 마찬가지로 (2)는 '팀에서 스미스가 이길 수 없는 멤버는 아무도 없다'로 해석할 수도 있다.

보통 '…이 아닌 것은 아무것도 없다'를 '단지 …만'이나 '오직'을 포함하는 표현법으로 바꿀 수 있다는 사실을 고려해서 '모든'을 대체할 수 있는 또 다른 표현을 찾아볼 수 있다. 예를 들어서 '단지 조지가 따분하게 여기는 것만 내가 관심을 보인다'나 '오직 조지가 따분하게 여기는 것만 내가 관심을 보인다'는 '조지가 따분하게 여기지 않는데 내가 관심을 보이는 것은 아무것도 없다'와 일치한다. 그러므로 이 문장을 테마 33 내용에 따라 기호로 나타내면 다음과 같다.

~(∃x)(~조지가 x를 따분하게 여긴다 • 내가 x에 관심을 보인다)

이 명제는 테마 34(6)과 같다.

(2)와 (7), 테마 34(6), 테마 34(7)를 해석하는 또 다른 방법은 테마 8에서 찾아볼 수 있다. 이런 명제는 일반 조건 명제와 정확히 일치하기 때문이다. 예를 들어서 테마 34(6)은 다음과 같이 '~~'를 삽입해서 해석할 수 있다.

(8) ~(∃x)~~(내가 x에 관심을 보인다 • ~조지는 x를 따분하게 여긴다)

'~(∃x)~'는 'x가 어떤 것이든지'로 읽는다(테마 34 참고). 그리고 '~(∃x)~'에 뒤이어 나오는 부분은 '만약 내가 x에 관심을 보인다면 조지는 x를 따분하게 여긴다'로 해석한다. 그러므로 (8)은 테마 8(2)와 일치하며 '만약 내가 어떤 것에든 관심을 보인다면 조지는 그것을 따분하게 여긴다'로 해석할 수 있다. 이런 맥락에서는 테마 34에서 살펴본 방법을 활용해서 '어떤 것이든'을 한정해서 더 자세하게 표현할 수 있다. 예를 들어보자.

(9) 만약 내가 어떤 영화든 흥미로워한다면 조지는 그것을 따분하게 여긴다.

이 명제를 기호로 나타내면, 한정적 형용사절 내용이 논리곱의 일부로 삽입된다.

(10) ~(∃x)(x는 영화다 • 내가 x에 관심을 보인다 • ~조지는 x를 따분하게 여긴다)

연습문제

---

1. 이 테마의 내용을 고려할 때, 위의 (7)을 테마 34의 연습문제에 있는 명제와 다르게 표현하는 방법은 얼마나 더 있겠는가?

---

2. 다음 명제에서 '한 명' 두 가지를 모두 '모든'의 의미로 해석하겠는가, 아니면 모두 '어떤'으로 해석하겠는가? 혹은 하나는 '모든'으로 다른 하나는 '어떤'으로 해석하겠는가? 그리고 명제 전체를 어떻게 기호로 나타내겠는가?

정통 시아파 한 명은 마호메트의 사위 알리의 후손 한 명이 진정한 칼리프라고 여긴다.
(An orthodox Shiah regards a descendant of Ali as the true Caliph.)

테마 36. 사람

테마 34에서 살펴보았듯이, '모든 것'의 의미를 한정할 때 '것'을 적절한 명사로 대체하거나 형용사절을 추가할 수 있다. 테마 35(2)를 테마 35(1)로 해석할 때는 첫 번째 방법을 사용했다. 반면에 테마 35(2)를 두 번째 방법으로 해석한다면 다음과 같다.

스미스는 팀의 멤버인 모든 것을 이길 수 있다.

이 문장을 더 간략하게 표현해보자.

스미스는 팀에서 모든 것을 이길 수 있다.

그런데 이 괴상한 결과를 보면 오직 사람만 가리킬 때는 일반적으로 '것'이 아니라 '사람'이라는 단어를 사용해야 한다는 사실을 새삼 깨닫는다. 그러므로 위 문장을 자연스럽게 고쳐보면 다음과 같다.

(1) 스미스는 팀에서 모든 사람을 이길 수 있다.

'것'은 '모든 것'과 그 변이형인 '어떤 것이든', '…한 것 각각'이 사용되는 맥락뿐만 아니라 '어떤 것', '아무것도 …않다'가 사용되는 맥락에서도 위와 같은 방식으로 바꿔어야 한다. '것'과 관련된 '그것'도 물론 '그 사람'으로 바꿔야 하며, 마찬가지로 '어떤 것이든(무엇이든)'은 '어떤 사람이든(누구든)'으로 바꿔야 한다.

(2) 조지는 내가 관심을 보이는 누구든 따분하게 여긴다.

다양한 인격적 표현은 비인격적 표현과 마찬가지로 의미 변화 없이 복수형으로 쓸 수 있다. '모든 사람'과 '어떤 사람'의 복수형으로 간단히 대명사 '모두'와 '몇몇'을 사용할 수도 있다.

'모든 이'와 '모든 자'의 '이'와 '자'도 '사람'으로 해석하며 '모든 것'의 '것' 대신 사용되는 다른 한정적 명사와 똑같이 처리한다(테마 34). 그러므로 (2)를 다르게 표현하면 다음과 같다.

(3) 조지는 내가 관심을 보이는 모든 이를 따분하게 여긴다.

이 명제를 테마 34(6)과 다르게 기호로 표현하면 다음과 같다.

(4) ~(∃x)(x는 사람이다 • 나는 x에게 관심을 보인다 • ~조지는 x를 따분하게 여긴다)

'모든 사람' 대신 '어떤 사람'이나 '아무도 …않다'를 사용한 명제도 유사한 방식으로 기호로 나타낼 수 있다. 그러므로 '어떤 사람이 나를 짜증 나게 한다'를 기호로 나타내면 다음과 같다.

(∃x)(x는 사람이다 • x는 나를 짜증 나게 한다)

그리고 '마을에 사는 어떤 사람이 나를 짜증 나게 한다'를 기호로 나타내면 다음과 같다.

(∃x)(x는 사람이다 • x는 마을에 산다 • x는 나를 짜증 나게 한다

이제 위의 내용을 고려해서 (1)을 다시 검토해보면, 엄밀히 말해 (1)은 테마 35(2)로 옮길 수 없다는 사실을 알 수 있다. (1)은 다음과 같이 옮겨야 한다.

(5) ~(∃x)(x는 사람이다 • x는 팀의 멤버다 • ~스미스는 x를 이길 수 있다)

물론 (5)에서 'x는 사람이다'는 사실상 불필요해 보일 것이다. 팀의 어떤 멤버든 확실히 사람이기 때문이다. 그래서 실제로는 (1)을 기호로 나타낸 (5)를 테마 35(2)로 축소할 수 있다. 그렇지만 이런 불필요한 중복이 순수하게 논리적이지는 않다는 사실을 유념해야 한다. (5)에서 'x는 사람이다'의 지위는 (4)에 포함된 'x는 사람이다'의 지위와 논리적으로 같다. 논리 그 자체로는 내가 오직 사람에게만 관심을 보이는지 알 수 없고, 마찬가지로 스미스의 팀에 오직 사람만 있는지도 알 수 없다.

하지만 주어진 맥락을 고려할 때 'x'가 **본질상** 사람으로 한정되었다고 보고 편의상 'x는 사람이다'를 제거할 수 있다. 심지어 (4)에서도 'x는 사람이다'를 생략할 수 있다. '(∃x)'는 'x라는 존재가 있다'라는 뜻이다. 그런데 '(∃x)'를 사용하는 의도에 맞춰서 이 '존재'의 세계가 오직 사람으로만 구성된다고 생각하는 데 논리적으로 반대할 이유가 없다. 하지만 실제로는 똑같은 맥락에서 변항에 다른 존재도 포함해야 하는 경우가 생기지 않도록 이렇게 교묘한 요령을 사용하는 데 주의를 기울여야 한다.

연습문제

다음 명제의 의미를 인격적으로 한정하는 경우와 한정하지 않는 경우를 각각 기호로 나타내보시오.

아서보다 내가 더 자주 보는 존재도 없고, 덜 보고 싶은 존재도 없다.

테마 37. 시간과 장소

보통 '어떤 것', '아무것도', '모든 것'(또는 '어떤 것이든')의 '것'을 '사람'으로 바꾸어서 의미를 사람으로 한정하듯이, '것'을 '곳'으로 바꾸어서 의미를 장소로 한정할 수 있다. 그리고 '어떤 것'을 '어떤 때'나 '언젠가'로, '아무것도…않다'를 '한 번도 …않다(없다)'로, '모든 것'을 '모든 때(언제나)'로 바꾸어서 의미를 시간과 날짜로 한정할 수 있다. '것'과 관련된 '그것'은 장소일 경우 '그곳'으로, 시간일 경우 '그때'로 바꾼다. 마찬가지로 '어떤 것이든'은 '어떤 곳이든' 또는

'어떤 때이든'으로, 혹은 간략하게 '어디든'과 '언제든'으로 바꾼다.

이 표현법에는 특별한 문제가 없다. 만약 명제에 '어떤 곳', '어떤 때', '어디에도', '한 번도', '모든 곳', '언제나' 같은 단어가 포함된다면, 해당 단어를 그저 '어떤 장소에서', '어떤 때에', '어디에도(아무 데서도) … 없다(않다)', '한 번도 …한 적이 없다(않다)', '모든 장소에서', '모든 때에'로 더 상세하게 풀어쓴 후 앞선 테마에서 설명한 방식대로 기호를 사용해서 양화를 만들 수 있다. 예를 들어서, '존스는 한 번도 아프지 않다(Jones is never ill)'는 '존스는 한 번도 아픈 적이 없다'가 되며, 다음과 같이 기호로 나타낼 수 있다.

$$\sim(\exists x)(x\text{는 때이다} \bullet \text{존스는 } x\text{에 아프다})$$

'보스턴은 아무 도시에서도 멀지 않다'를 테마 33(5)로 바꾸는 과정도 이와 똑같다.

하지만 주의해야 할 중요한 세부 사항이 있다. 다음 명제를 살펴보자.

(1) 타이 사람은 언제나 젓가락으로 식사한다.

이 명제는 '타이 사람은 모든 때에 젓가락으로 식사한다'로 바꿀 수 있는 것처럼 보인다. 바뀐 명제를 기호로 나타내면 다음과 같다.

(2) ~(∃x)(x는 때이다 • ~타이 사람은 x에 젓가락으로 식사한다)

이는 테마 35(3)을 테마 35(2)로 바꾸는 방식과 동일하다. 하지만 위의 (2)는 (1)을 '타이 사람은 언제나 식사하고 있으며 그러면서 젓가락을 이용하고 있다'로 해석한다. 반면에 (1)은 그저 '타이 사람은 식사할 때마다 젓가락을 사용한다'를 의미할 가능성이 더 크다. 즉, (1)의 뜻은 '타이 사람은 모든 식사 시간에 젓가락을 사용한다'이다. 이 명제를 기호로 나타내보자.

(2) ~(∃x)(x는 때이다 • 타이 사람은 x에 식사한다 • ~타이 사람은 x에 젓가락을 사용한다)

그러므로 (3)은 우아한 식사 방법을 가리키지만 (2)는 과식하는 상황을 가리킨다.

일상 언어를 기계적으로 기호로 바꾸는 방법을 정립할 때 겪는 어려움을 하나 더 살펴보자. 일상 언어로 모호하게 표현한 명제를 이해하려면 발화자의 상황에 공감해야 하고 암시된 심리를 분석해야 한다. 이 과정은 일상 언어를 정확한 기호로 바꿀 때 꼭 필요하다. 그리고 기호는 우리가 발화자와 공감하고 발화자의 심리를 분석해서 내린 결론을 분명하게 밝혀주므로 유용하다.

사실 우리는 시간을 언급하려는 의도가 없을 때도 '어떤 때', '언제나', '한 번도 …않다(없다)'를 자주 사용한다. '홀수의 제곱은 언제나 홀수다', '홀수의 제곱은 한 번도 짝수인 적이 없다'를 예로 들 수 있다. 이런 경우 '어떤 때', '언제나', '한 번도 …않다'는 그저 '어떤', '모든', '아무것도 …않다(없다)' 대신 사용되었을 뿐이다. 그러므로 앞의 예문은 각각 '모든 홀수의 제곱은 홀수다', '홀수의 제곱은 아무것도 짝수가 아니다'로 더 단순하게 표현할 수 있다.

반면에 시간에 관해 정말로 필수적인 언급은 훨씬 더 자주 생략된다. 테마 2에서 언급했듯이, 명제는 엄밀하게 시제가 없는 동사로 표현되었다고 간주해야 한다. 그리고 명제의 시간을 한정하려면 시제나 암묵적 이해를 활용하는 일반적 방법과 달리 날짜나 시기를 명시적으로 언급해야 하는 것으로 간주해야 한다. 하지만 자연스럽고 간단한 예시를 활용하기 위해서 실제로는 이런 규정을 포기하고 그저 규정이 충족되었다고 가정하기로 약속했다. 그렇지만 이런 약속 때문에 분석하지 않은 시간에 관해 명시적으로 언급하려면 대체로 양화를 추가로 만들어야 한다는 사실을 알아두어야 한다. 다음 명제를 살펴보자.

(4) 올라프가 스트롬볼리 화산을 보았지만, 화산은 폭발하지 않고 있었다.

만약 이 명제가 단순히 '올라프가 스트롬볼리 화산을 보았다 • ~스트롬볼리 화산이 폭발하고 있었다'를 가리킨다면 기본적으로 시간 요소와 상관없이 분석되지 않는다. (4)를 이야기하는 자연스러운 의도는 올라프가 스트롬볼리 화산을 본 사건과 스트롬볼리 화산이 폭발하지 않은 사건이 동시에 일어났다는 사실을 밝히는 것이기 때문이다. 그런데 (4)는 올라프가 스트롬볼리 화산을 본 일과 스트롬볼리 화산이 터지지 않은 일이 동시에 벌어졌던 때가 언젠가 한 번 있다고 말해서 다음과 같이 시제가 없는 양화로 표현할 수도 있다.

(∃x)(x는 때이다 • 올라프가 x에 스트롬볼리 화산을 본다 • ~스트롬볼리 화산이 x에 터진다)

만약 이 사건이 과거에, 즉 1940년 9월 14일 이전에 벌어졌다는 내용을 추가로 밝히고 싶다면 어렵지 않게 양화로 나타낼 수 있다.

(5) (∃x)(x는 1940년 9월 14일 이전이다 • 올라프가 x에 스트롬볼리 화산을 본다 • ~스트롬볼리 화산이 x에 터진다)

연습문제

다음 명제를 기호로 나타내시오.

파고파고에 비가 내리면 억수같이 내린다.

나는 비행기로 갈 수 있다면 기차로는 어디든 간 적이 한 번도 없다.

테마 38. 맥락에 따른 양화

복잡한 명제를 기호를 사용해서 양화, 논리곱, 부정명제로 바꿔 쓸 때 난관에 부딪힌다면, 발화자가 명제에서 의도한 각 표현의 의미를 어떻게 기호로 전달할 수 있을지 고민해야 한다. 이제까지 다루었던 수많은 명제 형식은 이 과정의 예시이며, 독자들은 사전으로 생각하고 의지하기보다 예시로 생각하고 공부하길 바란다.

먼저 명제를 기호로 바꾸는 굉장히 어려운 사례를 살펴보면 유익할 것이다.

(1) 판매원 한 명이 라디오들을 싫어하는 손님 한 명에게 라디오 한 개를 만일에 한 번 판다면, 그 판매원은 장사에 통달한 것이다.
(Once a salesman sells a radio to a man who hates radios, he has mastered his trade.)

이 명제에서 '만일에 한 번'은 판매원이 미래의 언젠가가 아니라 라디오를 싫어하는 손님에게 라디오를 파는 때가 되어야 장사에 통달한다는 사실을 가리킨다. 게다가 이 명제는 손님이 단순히 과거나 미래의 언젠가가 아니라 라디오를 사는 때에 라디오를 싫어한다는 뜻이라는 것도 분명하다. (1)을 다음과 같이 바꾸면 시간과 관련된 문제를 명시적으로 표현할 수 있다.

> 만약 어느 때에 판매원 한 명이 그때 라디오들을 싫어하는 손님 한 명에게 라디오 한 개를 판다면, 그 판매원은 그때 장사에 통달한 것이다.

위 명제의 동사는 시제가 없는 것으로 해석된다. 테마 35(5)를 테마 35(2)로 바꾼 방법과 유사하게 이 명제도 기호로 바꾸면 다음과 같다.

(2) ~(∃x)(x는 때이다 • ~만약 x에 판매원 한 명이 x에 라디오들을 싫어하는 손님 한 명에게 라디오 한 개를 판다면, 그 판매원은 x에 장사에 통달한 것이다)

계속해서 (2)의 일부를 살펴보자.

(3) 만약 x에 판매원 한 명이 x에 라디오들을 싫어하는 손님 한 명에게 라디오 한 개를 판다면, 그 판매원은 x에 장사에 통달한 것이다.

분명히 (3)은 판매원이 누구든 상관없이 참이어야 한다. 그러므로 '판매원 한 명'은 '어느 판매원이라도'로 읽을 수 있다. 따라서 (3)을 기호로 바꾸면 다음과 같다.

~(∃y)(y는 판매원 한 명이다 • x에 y가 x에 라디오들을 싫어하는 손님 한 명에게 라디오 한 개를 판다 • ~y가 x에 장사에 통달한다)

(3) 대신 위의 명제를 (2)에 삽입하고 '~~'를 무효로 한다면 다음과 같은 명제를 만들 수 있다.

(4) ~(∃x)(x는 때이다 • (∃y)(y는 판매원 한 명이다 • x에 y가 x에 라디오들을 싫어하는 손님 한 명에게 라디오 한 개를 판다 • ~y가 x에 장사에 통달한다))

이제 (4)의 다음 일부를 살펴보자.

(5) x에 y가 x에 라디오들을 싫어하는 손님 한 명에게 라디오 한 개를 판다.

분명히 (5)는 y가 손님에게 모든 라디오가 아니라 어떤 라디오를 팔았다는 뜻이다. 그러므로 (5)에서 '라디오 한 개'는 '어떤 라디오'와 같은 의미이다. '내가 시를 한 편 썼다'를 테마 32(3)으로 바꾼 방법과 마찬가지로 (5)를 기호로 바꾸면 다음과 같다.

(∃z)(z는 라디오 한 개이다 • x에 y가 x에 라디오들을 싫어하는 손님 한 명에게 z를 판다)

그러므로 (4)를 다시 써보면 다음과 같다.

(6) ∼(∃x)(x는 때이다 • (∃y)(y는 판매원 한 명이다 • (∃z)(z는 라디오 한 개이다 • x에 y가 x에 라디오들을 싫어하는 손님 한 명에게 z를 판다) • ∼y가 x에 장사에 통달한다))

계속해서 (6)의 다음 일부를 살펴보자.

> x에 y가 x에 라디오들을 싫어하는 손님 한 명에게 z를 판다.

이때 분명히 '손님 한 명'은 '어떤 손님'과 같은 뜻이다. 그러므로 다음과 같이 기호로 나타낼 수 있다.

> (∃w)(w는 손님 한 명이다 • x에 w가 라디오들을 싫어한다 • x에 y가 w에게 z를 판다)

그러므로 (6)을 다시 써보면 다음과 같다.

> (7) ~(∃x)(x는 때이다 • (∃y)(y는 판매원 한 명이다 • (∃z)(z는 라디오 한 개이다 • (∃w)(w는 손님 한 명이다 • x에 w가 라디오들을 싫어한다 • x에 y가 w에게 z를 판다)) • ~y가 x에 장사에 통달한다))

마지막으로, 'x에 w가 라디오들을 싫어한다'는 분명히 'x에

w가 모든 라디오를 싫어한다'는 뜻이다. 그러므로 'x에 w가 라디오들을 싫어한다'는 '~(∃v)(v는 라디오 한 개이다 • ~x에 w가 v를 싫어한다)'로 바꿀 수 있다.

이제 (7) 전체를 다시 써보면 다음과 같다.

(8) ~(∃x)(x는 때이다 • (∃y)(y는 판매원 한 명이다 • (∃z)(z는 라디오 한 개이다 • (∃w)(w는 손님 한 명이다 • ~(∃v)(v는 라디오 한 개이다 • ~x에 w가 v를 싫어한다) • x에 y가 w에게 z를 판다)) • ~y가 x에 장사에 통달한다))

(1)과 (8)을 비교해보면, 일상 언어가 실용적인 의미 전달 수단이라는 장점을 지닌다는 사실을 알 수 있다. 하지만 (1)을 (8)로 바꾸어서 표현할 때만 (1)의 논리 구조를 드러내고 (1)이나 관련된 명제를 다루는 일반 법칙을 만드는 데 성공할 수 있다. 이런 법칙은 다음 4장에서 고안하겠지만, (1)을 (8)로 바꾸면서 이미 주요한 분석 단계를 거쳤다.

(1)처럼 아주 복잡한 명제를 단 한 번에 아무 문제 없이 분석할 수는 없으므로 위와 같이 한 번에 한 표현 씩 차

례대로 처리하는 편이 바람직할 것이다. 또한, 명제의 가장 외부에 있는 구조를 먼저 파악하고 차근차근 내부 구조를 처리하는 편이 바람직하다. 명제 구성과 관련해서 언급했듯이(테마 13) 이런 방식으로 명제를 분석하면 명제의 내용을 분류해서 무리 지을 때 혼동하지 않을 수 있다. 이뿐만 아니라, 위의 예문으로 파악할 수 있는 중요한 주의사항이 명백히 두 가지 더 있다. (a) 새로운 양화사를 추가할 때는 새로운 변항을 사용하라. (b) 발화자의 의도에 적합하게 새로운 양화사를 가리키는 단어가 언급된 곳이라면, 모두 해당 양화사의 변항을 반복해서 써야 한다는 데 주의하라.

또한, 여러 양화사 사이에 있는 언어 연결사를 기호로 바꿀 때는 테마 13의 마지막에서 언급한 보충 법칙과 유사한 법칙을 적용해야 한다. 즉 언어로 표현한 문장을 기호로 결합한 논리곱으로 변환할 때, 그 논리곱이 양화사 바로 다음에 온다면 괄호로 묶어야 한다.

연습문제

---

1. 다음 명제를 기호로 나타내보시오. 이때 위와 같이 단계적으로

바꾸고, 각각 양화사를 두 개 사용하시오.

이 방의 아무도 옆 방의 모두보다 더 무겁지 않다.

기금을 마련하는 데 어떤 이바지를 한 사람은 누구든 우리의 끝없는 감사 인사를 받을 것이다.

---

2. 다음 명제를 기호로 나타내보시오. 이때 위와 같이 단계적으로 바꾸고, '때', '한 명', '한 개'에 해당하는 양화사를 세 개 사용하시오.

남성 에스키모 한 명은 성년이 될 때 마을의 족장에게서 작살을 한 개 받는다.

힌트1 첫 번째 단계는 위의 (2)와 유사하다.

~(∃x)(x는 때이다 • ~x에 성년이 되는 남성 에스키모 한 명은 x에 …)

힌트2 두 번째 단계는 위의 (4)와 유사하다.

~(∃x)(x는 때이다 • (∃y)(y는 남성 에스키모 한 명이다 • ~x에 y는 …))

힌트3 첫 번째 단계를 다르게 접근할 수도 있다.

~(∃x)(x는 남성 한 명이다 • x는 에스키모 한 명이다 • ~x가 성년이 되면 …)

3. 다음 명제를 기호로 나타내보시오. 이때 양화사 다섯 개, 즉 시간과 관련된 양화사 세 개, 소년과 관련된 양화사 한 개, 행위와 관련된 양화사 한 개를 사용하시오.

소년 한 명은 만약 그가 적절한 절차를 거쳐서 보이 스카우트에 가입했었고 그 후로 매일 좋은 행동을 한 개씩 해온 경우에만 우수한 보이 스카우트다.

(A boy is a Boy Scout in good standing only if he has been duly admitted and has done a good deed every day thenceforward.)

힌트 그는 더 이른 때에 보이 스카우트에 가입했고 그동안 매일 좋은 행동을 한 개씩 한 경우에만 어느 때든 우수한 보이 스카우트다.

4장 양화 추론

테마 39. 양화 도식

명제 구성과 관련된 명제 형식은 명제 문자로 구성된 도식만으로도 충분히 나타낼 수 있다. 하지만 양화를 다루려면 명제 문자를 더 정교하게 다듬어야 한다. 이제는 복합명제를 구성하는 명제뿐만 아니라 열린 문장을 표기할 수단이 필요하다. 열린 문장을 표기할 때는 문맥에 맞는 관련 양화사를 가리키는 열린 문항 내부 변항을 계속 기록해야 한다. 변항은 본질적으로 명제 전체의 논리 구조에 기여하기 때문이다.

명제 대신 명제 문자 'p', 'q' 등을 사용하는 것과 마찬가지로 열린 문장 대신 'Fx', 'Gx', 'Hx', 'Fy', 'Gy', 'Fxy', 'Gxy', 'Fxyz'를 사용할 것이다. 이때 'F', 'G' 등을 술어 문

자(predicate letter)라고 한다. 술어 문자는 명제 문자와 마찬가지로(테마 30) 도식적이다. 변항은 문장 내부에 놓일 수 있지만, 술어 문자는 문장 내부에 놓일 수 없다.

'Fx', 'Fy', 'Gx', 'Gy', 'Fxy', 'Gxx', 'Fxyz' 등을 **원자 열린 도식**(atomic open schema)이라고 한다. 그러므로 원자 열린 도식은 술어 문자 하나와 변항 하나 또는 여러 개로 구성된다. 이때 같은 변항이 여러 번 반복될 수도 있다. 명제 문자와 원자 열린 도식을 한데 묶어서 **원자 도식**(atomic schema)이라고 한다. 그리고 진리 함수와 양화로 구성할 수 있는 표현 전체와 원자 도식을 통틀어 **양화 도식**(quantificational schema)이라고 한다. 그러므로 앞에서 살펴보았던 도식, 더 명백하게는 **진리 함수적** 도식의 개념(테마 14)이 확장된다. 양화 도식은 모든 진리 함수적 도식과 원자 열린 도식, 다음과 같은 표현으로 구성된다.

(1) (∃x)Fx / (∃x)Fxy / (∃x)p / (∃y)(∃x)~Fxy / (∃x)(p • Fx) / ~(∃x)(Fx • Fy) / ~(∃x)(Fx• Gxy) / (∃y)~(∃x)(Fx • Gy) / ~(q • (∃y)~(∃x)~(Fx • Gxy))

하지만 양화 도식을 구성할 때 다음의 제한 사항을 준수해야 한다. **같은 도식 내부에서 같은 술어 문자가 수반하는 변항의 개수는 서로 달라서는 안 된다.** 이 원칙 때문에 같은 도식에 'Fx'를 'Fxx', 'Fxy', 'Fyz', 'Fxyz' 등과 함께 사용할 수 없다. 마찬가지로 같은 도식에 'Fxyz'를 'Fx', 'Fxx', 'Fxy' ,'Fyz' 등과 함께 사용할 수 없다. 반면에 같은 도식에서 'Fx'를 'Fy', 'Gxy', 'Hxyz' 등과 함께 사용할 수 있다. 마찬가지로 같은 도식에서 'Fxy'를 'Fyz', 'Fxx'. 'Gx', 'Hxyz' 등과 함께 사용할 수 있다.

변항이 양화사 내부에 놓일 때 **구속되었다**(be bound)고 표현한다. 이 양화사가 적용되는 문장이나 도식에 놓인 변항도 모두 구속되었다고 표현한다. 구속되지 않은 변항은 **자유롭다**(free)고 표현한다. 따라서 주어진 표현에서 양화사에 구속되지 않은 변항을 자유롭다고 할 수 있다. 그러므로 열린 문장 테마 30(1)의 'x'와 테마 30(2)의 'y', 테마 30(3)의 'x'와 'y'는 자유롭다. 반면에 테마 30(2)에서 'x'는 자유롭지 않다. 그리고 위의 (1)에서 '(∃x)Fxy', '~(∃x)(Fx • -Fy)', '~(∃x)(Fx • Gxy)'의 'y'는 자유롭다.

열린 문장과 명제의 차이점은 열린 문장에는 자유 변항이 하나 이상 있지만 명제에는 자유 변항이 하나도 없다는 사실이다. 따라서 양화 도식은 자유 변항이 포함되어 있다면 열려 있고, 자유 변항이 포함되어 있지 않다면 닫혀 있다. 그러므로 위의 (1)에서 '(∃x)Fxy', '~(∃x)(Fx • Fy)', '~(∃x)(Fx • Gxy)'는 열려 있고, 나머지는 모두 닫혀 있다. 진리 함수적 도식은 변항을 전혀 포함하지 않으므로 모두 닫힌 도식이다.

연습문제

다음 중 양화 도식은 어느 것인가? 진리 함수적 도식은 어느 것인가? 그리고 어느 것이 닫혀 있는가?

p • ~(q • ~p)

Fx • ~(Gxy • ~Fx)

Fx • ~(∃y)(Gxy • ~Fx)

Fx • ~(∃x)(Gxy • ~Fx)

(∃x)Fx • ~(∃x)(Gxy • ~Fx)

(∃x)~(∃y)Fyz • ~(∃x)(Gxy • ~Fx)

(∃x)Fx • ~(∃x)(∃y)Gxy • ~Fy

$(\exists x)Fx \cdot \sim(\exists y)((\exists x)Gxy \cdot \sim Fy)$

테마 40. 술어

지금까지 다룬 치환 개념(테마 14)은 진리 함수적 도식에서 명제 문자를 치환하는 것으로 한정했다. 하지만 이제는 술어 문자가 명제 문자와 함께 사용되고, 진리 함수적 도식이 양화 도식이라는 더 큰 범주 안에 포함된다. 치환 개념도 이에 맞춰서 확장되어야 하며, 앞으로 치환은 보통 양화 도식에서 명제 문자와 술어 문자를 치환하는 것을 가리킬 것이다.

이 일반적인 치환 개념을 살펴보기에 전에 술어(predicate)*라는 보조 장치를 먼저 소개하는 편이 편리할 것이다. 술어는 문장에서 자유 변항 대신 원문자 숫자를 사용해서 만드는 표현이다(원문자 숫자는 아무런 의미도 없지만 치환할 때 유용하다). 특히, 원문자 숫자로 대체하는 변항의 개수가 0개여도 괜찮다고 허용한다면 편리할 것이다. 따라서 명제나

---

* 명제에서 대상에 관해 주장하며(긍정하거나 부정한다) 대상의 성질을 설명하는 개념을 말한다. 예를 들어서 '인간은 동물이다', '장미는 아름답다'에서는 '동물이다', '아름답다'가 술어다.

열린 문장도 술어로 인정한다.

그러므로 도식에서 자유 변항을 원문자 숫자로 대체한 결과를 **술어 도식**(predicate-schema)이라고 하겠다.

치환의 기존 개념은 명제 문자가 놓이는 자리에 명제나 진리 함수적 도식을 **삽입**하는 것으로 설명했다. 확장된 치환 개념을 살펴보기 전에 삽입의 개념도 확장해야 한다. 삽입 개념을 확장해야 명제 문자 **또는 술어 문자**가 놓이는 자리에 술어 또는 술어 도식을 삽입하는 것에 관해 논할 수 있다.

주어진 술어 문자의 자리에 술어나 술어 도식 P를 삽입하는 것은 술어 문자와 여기에 결합한 여러 변항(테마 39 참고)을 P에서 '①'을 해당 술어 문자에 결합한 여러 변항 중 첫 번째 변항으로, '②'를 두 번째 변항으로 바꾸는 식으로 얻은 표현으로 대체하는 것과 같다. 예시를 살펴보자.

(1) (∃v)(⑤는 v에 대한 ②를 ④에게 빚졌다 • ~①은 v에 대한 ②를 ④에게 갚았다)

(2) (∃z)(Gxwyzy • ~Gywwzx)

술어 (1)을 양화 도식 (2)에서 두 번째 'G'의 자리에 삽입하면 다음과 같다.

(3) (∃z)(Gxwyzy • ~(∃v)(x는 v에 대해 w를 z에게 빚졌다 • ~y는 v에 대한 w를 z에게 갚았다))

이때 'Gywwzx' 전체를 (1)에서 '①'을 'y'로, '②'를 'w'로, '③'을 다시 'w'로('③'이 없으므로 이 과정은 무의미하다), '④'를 'z'로, '⑤'를 'x'로 바꾸어서 얻은 열린 문장으로 대체했다. 반면에 (1)을 (2)에서 첫 번째 'G'의 자리에 삽입하면 다음과 같다.

(4) (∃z)((∃v)(y는 v에 대한 w를 z에게 빚졌다 • ~x는 v에 대한 w를 z에게 갚았다) • ~Gy-wwzx)

다음의 술어 도식도 살펴보자.

(5) F①y③ • (∃v)Gv③

이 술어 도식을 (2)에서 두 번째 'G'의 자리에 삽입하면 다음과 같다.

(6) (∃z)(Gxwyzy • ~(Fyyw • (∃v)Gvw))

이때 'Gywwzx'를 (5)에서 '①'을 'y'로, '②'를 'w'로(무의미), '③'을 다시 'w'로, '④'를 'z'로(무의미), '⑤'를 'x'로(무의미) 바꾸어서 얻은 도식으로 대체했다.

엄밀히 말해서, 위의 삽입 공식에는 당연히 괄호와 관련된 조건이 필요하다. 만약 문자를 대체할 표현이 논리곱이거나 논리합이라면 대개 먼저 괄호로 묶어야 한다.

위의 술어 (1)을 도식 '~(∃z)(∃x)~(∃w)(∃y)Fywuzx'에서 'F'의 자리에 삽입하면 다음 명제가 된다.

> ~(∃z)(∃x)~(∃w)(∃y)(∃v)(x는 v에 대한 w를 z에게 빚졌다 • ~y는 v에 대한 w를 z에게 갚았다)

그리고 (1)을 도식 '(∃w)~(∃y)Fywuzx'에서 'F'의 자리에 삽입하면 다음 열린 문장이 된다.

(∃w)∼(∃y)(∃v)(x는 v에 대한 w를 z에게 빚졌다 • ∼y는 v에 대한 w를 z에게 갚았다)

술어 도식 (5)를 도식 '(∃z)(Fxzw • ∼Fywz)'의 두 번째 'F' 자리에 삽입하면 다음 도식이 된다.

(∃z)(Fxzw • ∼(Fyyz • (∃v)Gvz))

테마 14에서 언급한 내용과 유사하게, 치환한 결과에는 도식과 언어적 표현이 뒤섞여 있을 수도 있다. (3)과 (4)가 그렇다. 치환한 결과 (6)은 다른 이유로 정상적인 양화 도식이 아니다. (6)은 테마 39에서 언급한 제한 사항을 위반했기 때문이다. 어떤 경우에는 치환한 결과에 여전히 원문자 숫자가 포함되기도 한다. 예를 들어서, (1)을 '(∃x)(p • Gxy)'의 'G' 자리에 삽입하면 다음과 같다.

(∃x)(p • (∃v)⑤는 v에 대한 y를 ④에게 빚졌다 • ∼x는 v에 대한 y를 ④에게 갚았다)

명제 문자의 경우, 치환 개념은 테마 14에서 설명한 내용과 본질상 같다. 어느 명제 문자의 자리에 S를 삽입하는 것은 단순히 그 명제 문자의 자리에 S를 놓고 필요하다면 먼저 S를 괄호로 묶는 것이다. 'y는 w보다 z를 좋아한다'라는 열린 문장(즉, 원문자 숫자가 없는 술어)을 '(∃x)(p • Gxy)'의 'p' 자리에 삽입하면 다음과 같다.

(∃x)(y는 w보다 z를 좋아한다 • Gxy)

연습문제

---

1. 위의 (1)을 '~Fxyz • (∃w)(~Gywxzxz • (∃u)Fuwu)'에서 첫 번째 'F'의 자리에 삽입한 결과, 두 번째 'F' 자리에 삽입한 결과, 'G' 자리에 삽입한 결과를 각각 쓰시오. 그리고 (1) 대신 (5)를 삽입한 결과도 각각 쓰시오.

---

2. '(∃z)(Gxwyzy • Fwzyyu)'에서 'F'의 자리에 어떤 술어를 삽입하면 위의 (3)과 같은 결과가 나오겠는가?

테마 41. 삽입의 제한

앞에서 설명한 삽입 개념은 사실상 필요 이상으로 광범위하다. 이제는 제한 사항 두 가지를 추가하고, 이 제한 사항이 충족되는 경우에만 '삽입'이라는 용어를 적용하자. 첫 번째 제한 사항은 다음과 같다. 만약 어느 술어 문자 자리 한 군데에 술어 또는 술어 도식 P를 삽입한다면, 해당 술어 문자에 수반된 변항들 중 어떤 것도 P의 양화사에서 다시 나타날 수 없다.

(1) (∃x) x의 왕이 ①을 ②의 왕비에게 주었다

이 술어는 예를 들어 양화 도식에서 변항으로 'wx'를 수반하는 어떤 'F' 자리에도 삽입될 수 없는 것으로 간주해야 한다. 이렇게 제한하는 이유를 간략하게 설명해보겠다. 만약 'Fwx'의 'F' 자리에 (1)을 삽입할 수 있다면, 테마 40의 내용에 따라서 'Fwx'를 다음으로 대체하는 것과 같을 것이다.

(2) (∃x) x의 왕이 w를 x의 왕비에게 주었다

그런데 (1)을 문장으로 나타내면 아래와 같다.

(3) 어떤 것의 왕이 ①을 ②의 왕비에게 주었다.

(2)는 문장 '어떤 것의 왕이 w를 x의 왕비에게 주었다'와 일치하지 않는다. (2)와 일치하는 문장은 다음과 같다.

(4) 어떤 것의 왕이 w를 그것의 왕비에게 주었다.

(2)는 (1)이 ①과 ②에 관해서 말하는 내용을 w와 x에 관해서 말하지 않는다. (3)과 (4)를 비교하면 명백하게 알 수 있듯이, (2)는 (1)과 본질상 다른 형식이다. 이렇게 (1)과 (2)가 서로 다르므로 이제까지 가정했던 치환 개념이 성립할 수 없다. 그러므로 이런 경우에는 '삽입'이라는 용어도 적용할 수 없다.

두 번째 제한 사항은 다음과 같다. P는 P의 자유 변항이 속한 양화사를 포함하는 어떤 도식에도 삽입될 수 없다. 이렇게 제한하는 이유도 첫 번째 제한 사항과 같다. 여러 간단한 삽입 사례를 비교해보면 근본적인 상황을 가장 잘 파악할 수 있을 것이다. 다음의 술어를 각각 '(∃x)Fx'의 'F'에 삽입해보자.

(5) y가 ①을 사랑한다 / z가 ①을 사랑한다 / w가 ①을 사랑한다

삽입한 결과는 각각 다음의 열린 문장이 된다.

(∃x) y가 x를 사랑한다 / (∃x) z가 x를 사랑한다 / (∃x) w가 x를 사랑한다

이 열린 문장을 일반적 문장으로 바꾸면 각각 'y가 어떤 사람을 사랑한다', 'z가 어떤 사람을 사랑한다', 'w가 어떤 사람을 사랑한다'가 된다.* 그런데 술어 '①이 ①을 사랑한다'를 (∃x)Fx'의 'F'에 삽입하면 명제 '(∃x) x가 x를 사랑한다'가 되고, 이를 문장으로 바꾸면 '어떤 사람이 자기 자신을 사랑한다'가 된다. 술어 '①이 ①을 사랑한다'를 삽입한 결과와 (5)의 각 술어를 삽입한 결과의 차이는 술어 '①이 ①을 사랑한다'와 (5)의 각 술어 사이의 근본적 차이와 일치한다. 그러면 이제 'x가 ①을 사랑한다'를 살펴보자. 만약 '(∃x)Fx'의 'F'에 'x가 ①을 사랑한다'를 삽입하는 것이

* '어떤 사람' 대신 '어떤 것'도 가능하다. 테마 36의 마지막 내용 참고.

허용된다면, 그 결과는 '(∃x) x가 x를 사랑한다'가 될 것이다. 'x가 ①을 사랑한다'와 논리적으로 유사한 술어는 '①이 ①을 사랑한다'가 아니라 (5)의 각 술어다. 하지만 'x가 ①을 사랑한다'을 삽입한 결과는 '①이 ①을 사랑한다'를 삽입한 결과와 같다. 이런 변칙 때문에 'x가 ①을 사랑한다'를 '(∃x)Fx'에 삽입하는 것을 금지하는 두 번째 제한 사항이 채택되었다. '(∃x)Fx'의 'F'에 술어를 삽입하면, 그 결과는 오로지 삽입하는 술어에서 '①'로 표기하는 것에 대한 양화가 되어야 한다. (5)의 각 술어를 삽입한 결과와 '①이 ①을 사랑한다'를 삽입한 결과는 이 목표를 달성하지만, 'x가 ①을 사랑한다'는 이 목표를 달성하지 못한다.

요약해서 말하자면, 도식 S의 문자 L 자리에 술어 P를 삽입할 때 P의 양화사 내부에 포함된 변항이 L에 수반된 여러 변항에 다시 나타나지 않고, 또 S의 양화사 내부에 포함된 변항이 P의 자유 변항이 아닌 경우에만 테마 40에서 설명한 삽입 개념으로 이해해야 한다. 이외 다른 경우라면 삽입이라고 할 수 없다. 그러므로 '(∃x)'를 포함하는 술어나 술어 도식은 'x'를 수반하는 술어 문자 자리에 삽입될 수 없다. 그리고 자유 변항 'x'를 포함하는 술어나 술어 도식은 '(∃x)'를 포함하는 도식에 삽입될 수 없다.

이제는 문장이나 도식이 변항과 양화사를 포함하므로, 명제 문자의 자리에 문장이나 문장-도식을 삽입할 때도 제한 사항을 충족해야 한다. 위에서 설명한 두 번째 제한 사항은 술어 P가 문장인 경우에도 다른 경우와 마찬가지로 필요하다. 그 이유도 마찬가지로 같다. 어느 표현에 포함된 자유 변항이 어느 도식의 양화사 내부에도 포함된다면 그 표현은 그 도식에 삽입될 수 없다.

연습문제

---

1. 테마 40의 연습문제 1번에 나오는 도식의 첫 번째 'F' 자리에는 삽입할 수 있지만 두 번째 'F' 자리에는 삽입할 수 없는 술어가 있는가? 또 반대로 두 번째 'F' 자리에는 삽입할 수 있지만 첫 번째 'F' 자리에는 삽입할 수 없는 술어가 있는가? 그리고 첫 번째와 두 번째 'F' 자리에는 삽입할 수 있지만 'G' 자리에는 삽입할 수 없는 술어가 있는가? 반대로 'G' 자리에는 삽입할 수 있지만 첫 번째와 두 번째 'F' 자리에는 삽입할 수 없는 술어가 있는가? 각 질문의 답을 구하고 설명해보시오. 만약 각 질문의 조건에 해당하는 술어가 있다면 예시도 들어보시오.

---

2. 만약 테마 40(1)을 어느 문자의 자리에 삽입할 수 있다면, 어떤

제한 사항을 충족해야 하는가? 테마 40(5)의 경우는 어떠한가?

테마 42. 확장된 치환

이제 일반적인 치환 공식은 테마 14에서 설명한 더 특수한 공식의 방침을 정확히 따를 수 있다. 양화 도식 S에서 명제 문자와 술어 문자를 술어와 술어 도식으로 치환하는 것은 다음 규칙에 따라서 해당 문자의 자리에 술어나 술어 도식을 삽입하는 것과 같다. (a) 어느 문자의 자리 한 군데에 삽입되는 것은 무엇이든지 S 전체에서 그 문자의 다른 자리에도 모두 삽입된다. (b) 치환의 최종 결과는 명제이거나 열린 문장이거나 양화 도식이다.

다음 예시를 살펴보자.

(1) (∃z) ①은 ②에게 z를 빚졌다 / w는 ①를 싫어한다 / y는 부자다

위의 술어 각각으로 다음 열린 도식의 'F'와 'G', 'p'를 치환해보자.

(2) $\sim(\exists x)(Fyx \bullet \bar{p} \bullet Gx \bullet \sim Fxw)$

치환한 결과는 다음 열린 문장이 된다.

(3) ~(∃x)((∃z) y는 x에게 z를 빚졌다 • ~y는 부자다 • w는 x를 싫어한다 • ~(∃z) x는 w에게 z를 빚졌다)

(3)은 (2)에서 각 'F'의 자리에 '(∃z) ①은 ②에게 z를 빚졌다'를, 'G'의 자리에 'w는 ①를 싫어한다'를, 'p'의 자리에 'y는 부자다'를 삽입한 결과다. '(∃z) ①은 ②에게 z를 빚졌다'를 각 'F'의 자리에 삽입하는 것은 'Fyx'와 'Fxw'를 '(∃z) y는 x에게 z를 빚졌다'와 '(∃z) x는 w에게 z를 빚졌다'로 대체하는 것과 같다. 그리고 'w는 ①를 싫어한다'를 'G'의 자리에 삽입하는 것은 'Gx'를 'w는 x를 싫어한다'로 대체하는 것과 같다. 마지막으로 'p'의 자리에 'y는 부자다'를 삽입하는 것은 간단히 'p' 대신 y는 부자다'를 놓는 것과 같다.

그러면 (1)의 술어 각각으로 다음 닫힌 도식의 'F'와 'G', 'p'를 치환해보자.

(4) $(\exists v)(\sim(\exists x)(Fvx \cdot Gx \cdot \bar{p}) \cdot (\exists u)Fvu)$

치환한 결과는 다음의 열린 문장이 된다.

(5) (∃v)(~(∃x)((∃z) v는 x에게 z를 빚졌다 • w는 x를 싫어한다 • ~y는 부자다) • (∃u)(∃z) v는 u에게 z를 빚졌다)

그런데 다음의 다른 술어도 살펴보자.

(6) (∃z) ①은 ②에게 z를 빚졌다 / 스미스는 ①를 싫어한다 / 존스는 부자다

이 술어 각각으로 닫힌 도식 (4)의 'F'와 'G', 'p'를 치환하면 다음 명제가 된다.

(7) (∃v)(~(∃x)((∃z) v는 x에게 z를 빚졌다 • 스미스는 x를 싫어한다 • ~존스는 부자다) • (∃u)(∃z) v는 u에게 z를 빚졌다)

그리고 술어 도식 '(∃z)F①z②', 'Gw①', 'Hy' 각각으로 닫힌 도식 (4)의 'F'와 'G', 'p'를 치환하면 다음 도식이 된다.

(8) (∃v)(~(∃x)((∃z)Fvzx • Gwx • ~Hy) • (∃u)(∃z)Fvzu)

치환의 가능성은 각 단계에서 삽입의 가능성에 달려 있다(테마 41 참고). 그러므로 자유 변항 'x'를 포함하는 술어는 '(∃x)'를 포함하는 도식의 문자를 치환할 수 없다. 또한, '(∃x)'를 포함하는 술어는 'x'를 변항으로 수반하는 술어 문자를 치환할 수 없다. 하지만 위의 예문에서 치환할 때는 이런 장애가 없었다.

치환의 가능성은 삽입의 가능성에 달려 있을 뿐만 아니라 위에서 언급한 치환 규칙 (b)에도 달려 있다. 즉, 치환한 결과는 반드시 명제이거나 열린 문장이거나 양화 도식이어야 한다. 위에서 살펴본 예시는 규칙 (b)를 충족했다. 하지만 다른 경우, 규칙 (b)는 다양한 이유로 충족되지 못한다. 만약 어떤 술어 문자와 명제 문자의 자리에는 술어가 삽입되었지만 다른 술어 문자나 명제 문자는 그대로 남아 있다면, 그 결과는 테마 40(3)과 테마 40(4)처럼 도식과 언어 표현이 뒤섞인 표현이 될 것이다. 만약 어떤 문자의 자리에는 술어 도식이 삽입되고 다른 자리에는 술어가 삽입되더라도 똑같은 결과가 발생할 것이다. 또한, 삽입된 술어 도식 두 개가 같은 술어 문자를 포함하고 그 문자에 수반된 변항의 개수가 서로 다르다면, 그 결과는 테마 39에서 제시한 제한 사항을 위반할 것이다. 만약 삽입된 술어 도식에 포함된 술어 문자가 삽입이 이루어지는 도식의 다른 곳에 다른 개수의 변항을 수반하여 다시 나타난다면 마찬가지로 똑같은 결과가 발생할 것이다. 또한, 만약 삽입되는 술어에 포함된 원문자 숫자가 너무 많아서 모두 변항으로 바꿀 수 없다면 변항으로 바뀌지 않고 남은 숫자 때문에 결과는 명제나 열린 문장, 양화 도식이 되지 못할 것이다.

동시 치환의 일반 공식도 통상적인 치환과 마찬가지로 테마 14에서 설명한 규칙을 따른다. 주어진 두 개 이상의 양화 도식에서 명제 문자나 술어 문자를 술어나 술어 도식으로 동시 치환하는 것은 다음 규칙에 따라 주어진 모든 도식에서 해당 문자의 자리에 술어나 술어 도식을 삽입하는 것과 같다. (a′) 어느 문자의 자리 한 군데에 삽입되는 것은 무엇이든지 해당 도식 전체에서 그 문자의 다른 자리에도 모두 삽입된다. (b′) 치환의 최종 결과는 명제이거나 열린 문장이거나 양화 도식이다.

이제 진리 함수적 도식의 실례 개념(테마 15)도 대체로 닫힌 도식에도 적용되는 것으로 확대될 것이다. 닫힌 도식의 실례는 그 도식을 치환해서 만든 어떤 명제라도 될 수 있다. 예를 들어서 명제 (7)은 도식 (4)의 실례다. 대응 실례 개념(테마 15)도 비슷한 방식으로 이어진다. 테마 15에서 진리 함수적 도식에 관해 언급한 원칙 두 가지는 모든 닫힌 도식에도 분명히 적용된다. (1) 만약 도식 하나를 치환해서 다른 도식을 만든다면, 새로운 도식의 실례는 모두 원래 도식의 실례다. (2) 도식 한 쌍을 동시 치환해서 다른 도식 한 쌍을 만든다면, 새로운 도식 한 쌍의 대응 실례는 모두 원래 도식 한 쌍의 대응 실례다.

닫힌 도식을 치환한 결과가 모두 실례는 아니다. 닫힌 도식을 치환하더라도 명제가 아닌 열린 문장이나 도식이 될 수 있기 때문이다[위의 (5)와 (8) 참고]. 만약 실례를 얻고 싶다면 반드시 술어 도식이 아니라 술어로 치환해야 하며, 더욱이 자유 변항이 없는 술어로 치환해야 한다.

닫힌 도식의 실례에는 각 명제 문자 대신 명제가, 각 원자 열린 도식 대신 명제나 열린 문장이 나타난다. 이때 열린 문장에는 기존 원자 열린 도식에 포함된 자유 변항 외에는 다른 자유 변항이 없다. 예를 들어서 (4)의 실례 (7)을 살펴보자. (7)에는 (4)의 명제 문자 'p' 대신 명제 '존스는 부자다'가, (4)의 원자 열린 도식 'Fvx' 대신 열린 문장 '(∃z) v는 x에게 z를 빚졌다'가('v'와 'x'가 유일한 자유 변항), (4)의 원자 열린 도식 'Gx' 대신 열린 문장 '스미스는 x를 싫어한다'가, (4)의 원자 열린 도식 'Fvu' 대신 열린 문장 '(∃z) v는 u에게 z를 빚졌다'가 나타난다.

연습문제

---

1. '~(∃z)((∃y)Fyzy • ~(∃y)Fzyw)'의 'F'를 테마 41(1)로 치환한 결과를 쓰고 일상적 문장으로 풀어서 써보시오. 또한, 치환으로 만든 명제가 참인지 거짓인지는 논리학의 문제가 아니라 역사의 문제이지만, 그렇다 하더라도 명제의 진릿값을 어떻게 판단하겠는가?

---

2. 아래 (1)의 'F'와 'G'를 동시 치환해서 다음의 도식 각각을 만들 수 있는 술어 도식 두 개를 구체적으로 제시하시오.

(1) (∃x)(~Gx • (∃y)Fxy) / ~(∃y)(Gy • ~(∃z)(Gz • Fyz))

$(\exists x)(\sim(\exists w)Gxwx \cdot (\exists y)(\exists w)(Fwy \cdot Gywx))$

$\sim(\exists y)((\exists w)Gywy \cdot \sim(\exists z)((\exists w)Gzwz \cdot (\exists w)(Fwz \cdot Gzwy)))$

---

3. 2번 문제 도식 (1)의 대응 실례는 다음의 문장으로 나타낼 수 있다.

어떤 사람이 비회원 한 명에게 비밀번호를 누설했다.

회원 한 명이 각 회원에게 비밀번호를 누설했다.

이때 도식 (1)의 'F'와 'G'를 동시 치환해서 위의 실례를 얻을 수 있는 술어를 구체적으로 제시하시오.

테마 43. 확장된 타당성

이제까지 양화를 다루면서 잠시 '∨'를 사용하지 않았다. '∨'는 언제나 불필요한 축약형이며, 이 기호를 사용하지 않는다면 일상적 문장을 기호로 바꿔서 표현할 때 선택의 폭을 좁힐 수 있으므로 어느 정도는 더 편리하다. 하지만 이제 '∨'가 다시 유용해질 것이다.

테마 21에서는 쌍대를 만들 수 있고 부정 기호를 줄일 수 있다는 이유를 들어 불필요한 '∨'를 허용하고 '~($\overline{p}\overline{q}$)'를 'p∨q'로 표기했다. 그리고 이와 관련된 이유로, 관습상 **보편 양화**(universal quantification)를 표기하는 데 불필요한 기호를 도입하고 '~(∃x)~Fx'를 '(x)Fx'나 '(∀x)Fx'로 표기한다(테마 34 참고). 그리고 보편 양화사 '(x)'나 '(∀x)'와 구별하기 위해 양화사 '(∃x)'를 **존재 양화사**(existential quantifier)라고 한다.

보편 양화는 논리곱과 유사하고, 존재 양화는 논리합과 유사하다. a, b, c, …가 세계에 존재하는 전부라고 가정하자. 이때 '(x)Fx'는 논리곱 'Fa • Fb • Fc • …'과 일치하며, '(∃x)Fx'는 논리합 'Fa∨Fb∨Fc∨…'와 일치한다. 논리곱 기호로 '∧'를 사용하는 논리학자는 '(x)' 대신 '∧x', '(∃x)' 대신 '∨x'를 사용한다.

담화를 기호로 다시 쓰는 일이나 치환과 동치에 관한 일반 이론 등만 주요 문제로 삼는다면, 추가한 기호 '∨'와 '(x)'는 성가시기만 할 뿐 별로 유용하지 못할 것이다. 하지만 앞으로 논의를 전개해나가며 드디어 양화 이론을 증명하는 기법을 다룰 때 '∨'와 '(x)'는 분명히 유용할 것이다.

진리 함수적 도식은 실례가 모두 참일 때 **타당하다**(테마 23). 양화 도식 역시 닫혀 있는 한 일반적으로 이 정의를 적용할 수 있다. 하지만 열린 도식은 어떨까? 만약 실례 개념을 확장해서 열린 도식에도 적용할 수 있다면, 열린 도식의 실례는 열린 문장이 될 것이다. 그리고 열린 문장은 참도 거짓도 아니다.

보편 양화사가 이 문제를 풀 열쇠다. 열린 도식에 포함된 모든 자유 변항에 해당하는 보편 양화사 '(x)', '(y)' 등을 도식 앞에 덧붙여서 **보편 폐쇄**(universal closure)를 만들 수 있다. 그러므로 열린 도식의 보편 폐쇄가 타당하다면 그 열린 도식은 타당하다고 할 수 있으며, 닫힌 도식은 실례가 모두 참일 때 타당하다.

다음의 열린 도식은 타당하다.

(1) $\sim((x)Fx \cdot \sim Fy)$

이 열린 도식은 예를 들어 '만약 모든 것이 질량을 가진다면, y도 질량을 가진다'라는 문장과 같다. 이 도식은 다음의 보편 폐쇄가 타당하기 때문에 타당하다.

(2) $(y)\sim((x)Fx \cdot \sim Fy)$

이 닫힌 도식의 전형적인 실례는 사실상 무엇을 선택하든 y를 말한다. 만약 모든 것이 질량을 가진다면, y도 가진다.

진리 함수적 도식은 그 도식의 부정이 타당하다면 **모순**이었다. 이 공식은 양화 도식에도 일반적으로 적용할 수 있다. 닫힌 도식의 경우, '도식은 그 도식의 부정이 타당하다면 모순'이라는 정의는 '모순 도식은 실례가 모두 거짓인 도식'이라는 뜻이다. 하지만 열린 도식은 그 도식의 **보편 폐쇄**가 모순이라고 해도 항상 모순이라고 단언할 수 없다. 이 문제를 해결하려면 열린 도식에 포함된 모든 자유 변항에 해당하는 존재 양화사 '(∃x)', '(∃y)' 등을 도식 앞에 덧붙여서 만드는 **존재 폐쇄**(existential closure)가 필요하다. 그 이유를 살펴보자. 열린 도식 '———'는 '∼(———)'가 타당한 경우에만 모순이라고 앞에서 정의했다. 그런데 '∼(———)'는 이 도식의 보편 폐쇄 '(x)(y) ··· ∼(———)'가 타당한 경우에만 타당하다. 그런데 이 보편 폐쇄는 다음의 존재 폐쇄와 같다.

∼(∃x)(∃y) ··· (———)

이 존재 폐쇄는 다음의 존재 폐쇄가 모순인 경우에만 타당하다.

$$(\exists x)(\exists y) \cdots (\text{———})$$

그러므로 열린 도식은 그 도식의 존재 폐쇄가 모순인 경우에만 모순이다. 그리고 닫힌 도식은 실례가 모두 거짓일 경우에 모순이다.

따라서 모순인 열린 도식을 예로 들어보자면 다음과 같다.

(3) $(x)Fx \bullet \sim Fy$

(3)의 부정 도식은 (1)이며 (1)은 타당하기 때문이다. 그리고 모순인 닫힌 도식은 (3)의 존재 폐쇄인 다음 도식을 예로 들 수 있다.

(4) $(\exists y)((x)Fx \bullet \sim Fy)$

테마 26에서 한 도식이 다른 도식의 부정과 모순될 때 그 도식은 그 다른 도식을 함의한다고 설명했다. 이 공식은 양화 도식에도 일반적으로 적용할 수 있다. 따라서 (3)이 모순이므로 '(x)Fx'는 'Fy'를 함의한다.

연습문제

---

1. 존재 양화사나 논리곱 대신 보편 양화사와 논리합을 사용해서 테마 42의 연습문제 1번과 2번의 도식을 가능한 한 간략하게 다시 써보시오.

---

2. 테마 39와 테마 40의 연습문제에 나오는 도식도 마찬가지로 다시 써보시오.

테마 44. 확장된 동치

테마 26에서 확인했듯이 동치는 서로 함의한다. 이제는 함의 개념을 일반적으로 양화 도식에까지 확장해서 적용하므로, 이를 바탕으로 동치의 정의를 양화 도식에도 일반적으로 적용할 수 있다. 특히 닫힌 도식에는 테마 16에서 설명한 대로 '진릿값이 서로 다른 대응 실례가 없는 두 도식은 동치'라는 정의를 그대로 적용할 수 있다. 하지만 열린 도식은 실례의 진릿값을 따질 수 없다.

동치인 닫힌 도식의 예시를 간단히 들어보면 다음과 같다.

(1) (∃w)Fw / (∃x)Fx / (∃y)Fy / (∃z)Fz 등

이 도식들은 변항에 어떤 글자를 쓰든 전부 서로 동치다.

(2) (w)Fw / (x)Fx / (y)Fy / (z)Fz

이 도식들도 마찬가지로 동치다.

(3) (∃x)Fx • p / (∃x)(Fx • p)

이 두 도식도 동치다. (3)의 어떤 대응 실례든 'p' 자리에는 명제가 놓일 것이다. 예를 들어서 'p' 자리에 '소크라테스는 언젠가 죽는다'가 놓인다고 하자. 만약 이 명제가 거짓이라면 'F'와 상관없이 '(∃x)Fx • p'는 거짓이다. 마찬가지로 'Fx • p'도 'F'와 상관없이 모든 x에 대하여 거짓이다. 그러

므로 '(∃x)(Fx • p)'도 거짓이다. 만약 'p'의 자리에 놓인 명제가 참이라면, 'Fx • p'는 x를 무엇으로 선택하느냐에 따라 달라지는 'Fx'의 진릿값과 일치할 것이다. 따라서 '(∃x)(Fx • p)'의 진릿값 역시 '(∃x)Fx'의 진릿값과 같다. 그런데 '(∃x)Fx • p'의 진릿값도 '(∃x)Fx'의 진릿값과 같다. 그러므로 'p'에 어떤 명제를 놓든, 'F'에 어떤 술어를 사용하든 '(∃x)Fx • p'과 '(∃x)(Fx • p)'는 진릿값이 서로 같을 것이다.

다음 두 도식도 (3)과 마찬가지로 동치다.

(4) (∃x)Fx ∨ p / (∃x)(Fx ∨ p)

이 두 도식이 동치라는 사실도 (3)처럼 각 경우를 따져보며 확인할 수 있다. 독자 여러분이 직접 논증 과정을 구성할 수 있을 것이다.

다음의 동치는 '(x)'가 '~(∃x)~'라는 정의에서 도출된다.

(5) ~(∃x)Fx / (x)~Fx

(6) $\sim(x)Fx \,/\, (Ex)\sim Fx$

이제 (3)과 (4)의 각 동치로 다음 보편 양화의 동치를 설명해보자.

(7) $(x)Fx \bullet p \,/\, (x)(Fx \bullet p)$

(8) $(x)Fx \vee p \,/\, (x)(Fx \vee p)$

사실 위의 도식은 (3)~(6)에 내포되어 있다. (7)을 증명해보자.

$(x)\sim\sim Fx \bullet p$ 테마 16(4)

$\sim(\exists x)\sim Fx \bullet p$ (5)

$\sim((\exists x)\sim Fx \vee \overline{p})$ 테마 21(14)

$\sim(\exists x)(\sim Fx \vee \overline{p})$ (4)

$$(x)\sim(\sim Fx \vee \bar{p}) \quad (5)$$

$$(x)(Fx \cdot p) \quad \text{테마 } 21(14)$$

(8)도 비슷하게 증명할 수 있다.

테마 19에서는 전방향 변형, 후방향 변형의 개념을 정립했다. 위의 증명이 보여주듯, 변형은 진리 함수적 도식에 적용할 때와 마찬가지로 양화 도식에 적용할 때도 대체로 유용하다. 테마 18과 테마 19에서 확인했듯이, 동치인 진리 함수적 도식 한 쌍을 이용해서 진리 함수적 도식 하나를 다른 진리 함수적 도식으로 변형하면 원래 도식과 새로운 도식은 동치다. 이 법칙은 일반적으로 양화 도식에도 적용할 수 있다. 다만 진리 함수적 도식을 다루면서 살펴보았던 논증과 상당히 유사하지만 더 복잡한 논증을 거쳐야 하며, 이 책에서는 다루지 않고 넘어가겠다.*

에르브랑은 (3)~(8)의 동치를 **파사주 규칙**(rules of passage)이라고 명명했다. 양화가 논리곱이나 논리합, 부정의 직접적 구성요소일 때, 이 표현을 (3)~(8) 중 하나를 이용

---

* 이 법칙의 증명은 『수리 논리학』 테마 18을 참고하라.

해서 전방향 변형하면 양화사가 표현 가장 앞으로 빠져나와서 전체 논리곱이나 논리합, 부정을 지배하게 된다. 예를 들어서 테마 43(2) '(y)~((x)Fx• ~Fy)'를 차례대로 변형해보자.

(y)~(x)(Fx• ~Fy) (7)

(y)(∃x)~(Fx• ~Fy) (6)

이런 방식으로 어떤 양화 도식이든 소위 **전치형**(prenex)으로 변형할 수 있다. 즉, 양화사는 모두 도식의 앞부분에 병렬되어 있고 각 양화사가 해당 위치부터 도식 전체를 지배할 수 있다.

그런데 논리곱이나 논리합 전체에 적용될 수 있도록 도식 앞으로 보내려는 양화사에 포함된 변항이 그 논리곱이나 논리합의 다른 구성요소에서 자유 변항으로 포함되어 있다면 명백히 문제가 생긴다. '(∃x)Fx•Gx'는 '(∃x)(Fx-•Gx)'로 변형할 수 없을 것이다. 이 변형이 가능하려면 테마 41의 마지막에서 언급한 제한 사항을 위반하고 (3)에서 'p'를 'Gx'로 치환해야 한다. 하지만 위의 (1)이나 (2)를 이용하여 양화의 문자를 다시 써서 언제나 이런 충돌을 막을 수 있다. 그러므로 '$(\exists x)Fx \bullet Gx$'는 다음 단계를 거쳐 변형할 수 있다.

$$(\exists y)Fy \bullet Gx \quad (1)$$

$$(\exists y)(Fy \bullet Gx) \quad (3)$$

보통 도식을 전치형으로 변형할 때 모든 양화사 내부의 문자가 서로 달라지도록, 또 도식 내부에 포함된 자유 변항과도 달라지도록 먼저 양화의 문자를 변경하는 것이 최선이다. 이 과정을 거친 후에 **파사주 규칙**을 계속해서 적용하면 된다.

연습문제

다음 도식을 전치형으로 변형하고, 그 과정을 전부 쓰시오.

$\sim(x)(\exists y)Fxy \vee \sim((\exists y)(z)Fyz \bullet \sim(x)(z)Fxz)$

테마 45. 모순 증명

테마 43에서 '(x)Fx'는 'Fy'를 함의한다는 사실을 확인했다. 이 특정 함의, 그리고 똑같은 형태를 지닌 다른 함의(단순히 다른 변항을 사용하거나 'F'를 다른 술어 문자로 치환한 형태)에는 **보편 예화**(universal instantiation)라는 특수한 명칭을 붙인다. 그러므로 보편 예화는 예를 들어 '(x)Fx' 또는 '(y)Fy'를 'Fx', 'Fy', 'Fz'로, '(y)(Gy ∨ Hz)'를 'Gx ∨ Hz'로, '(z)Gzy'를 'Gyy'로 바꾼다고 할 수 있다. 일반적으로 보편 예화는 첫 번째 보편 양화사를 제거하는 것, 그리고 어쩌면 해당 양화사 내부의 변항이 나머지 도식에서 다시 나타날 때 다른 변항으로 대체하는 것과 같다. 변항을 대체할 때는 다른 양화사 내부의 변항을 다시 사용해서는 안 된다.

예를 들어 '(∃y)Gyy'를 '(x)(∃y)Gxy'의 보편 예화로 오해하지 않으려면 위 문단 마지막에서 언급한 주의사항이 필요하다. '(x)(∃y)Gxy'와 '(∃y)Gyy'는 '(x)Fx'와 'Fy'를 적절하게 치환한 결과가 아니다. 'Fy'에서 'F'를 '(∃y)G①y'로 치환한다면 테마 41에서 설명한 첫 번째 제한 사항을 위반할 것이다. 보편 예화든 다른 경우든, 어떤 경우에도 '(x)(∃y)Gxy'는 '(∃y)Gyy'를 함의하지 않는다. 만약

'Gxy'가 'x는 y와 다르다'라면, '(x)(∃y)Gxy'는 참이 되겠지만 '(∃y)Gyy'는 거짓이 되기 때문이다.

존재 예화(existential instantiation)는 양화사가 존재 양화사라는 사실만 제외하면 보편 예화와 똑같이 작용한다. 그러므로 존재 예화는 예를 들어 '(∃x)Fx'를 'Fz'로, '(∃y)Gy∨Hz'를 'Gx∨Hz'로 바꾼다. 하지만 보편 예화와 달리 존재 예화는 함의를 보장하지 않는다. '(∃x)Fx'는 'Fz'를 함의하지 않는다. 하지만 보편 예화도 유용한 면이 있다. '(∃x)(——x——)'라는 존재 양화가 논증의 전제로 주어졌다고 가정하고 이 양화에서 추론을 시작하자. '(∃x)(——x——)'는 '——x——'를 충족하는 대상이 적어도 하나 있다는 뜻이다. 'z'가 그 대상이라고 하자. 만약 'z'라는 문자가 다른 전제에서 사용되지 않았다면, 추정 상의 그 대상을 임시로 가리키는 말로 'z'를 채택하는 데는 아무런 오류가 없다. 이것이 바로 존재 예화이다. 양화사가 없어서 '(∃x)(——x——)'보다 더 다루기 편리한 '——z——'에서 계속 추론해보자. 만약 '——z——'에서 모순을 도출해낼 수 있다면, '(∃x)(——x——)' 자체를 반박하는 셈이다.

이 기법은 다음 두 명제가 양립 불가능하다는 사실을 증명해서 설명할 수 있다.

모든 사람을 사랑하는 어떤 사람이 있다.

아무에게도 사랑받지 않는 어떤 사람이 있다.

이 명제는 각각 다음과 같다.

(1) $(\exists x)(y)$(x가 y를 사랑하다)

(2) $(\exists x)(y)\sim$(y가 x를 사랑하다)

z가 (1)에서 이야기하는 대상으로 존재한다고 하자. 그렇다면 (1)을 다음과 같이 바꿀 수 있다.

(3) (y)(z가 y를 사랑하다)

그리고 w가 (2)에서 이야기하는 대상으로 존재한다고 하자. 그렇다면 (2)를 다음과 같이 바꿀 수 있다.

(4) $(y)\sim$(y가 w를 사랑하다)

그런데 보편 예화를 통해 (3)은 'z가 w를 사랑하다'를 함의하고 (4)는 '~(z가 w를 사랑하다)'를 함의한다는 사실을 알 수 있다. 그러므로 두 명제는 서로 모순이다.

이렇게 도식의 모순을 증명할 수 있는 기법을 발견했다. 위의 논증은 존재 예화와 보편 예화를 통해 다음 두 도식이 서로 모순이라는 사실을 증명하는 데 이용될 수 있다.

(5) $(\exists x)(y)Fxy$

(6) $(\exists x)(y){\sim}Fyx$

즉, 이 두 도식의 논리곱이 모순이라는 사실을 증명해보자.

모순 증명

(7) $(y)Fzy$ (5)

(8) $(y){\sim}Fyw$ (6)

Fzw (7)

${\sim}Fzw$ (8)

위의 증명에서 한 행은 동치 변형을 통해 다른 행에서

도출되었다. 하지만 이 증명이 우리가 다루려는 새로운 모순 증명 방법에 똑같이 적용되지 않는다는 사실을 반드시 명심해야 한다. 이 증명에서 예시로 든 각 도식은 보편 양화사나 존재 양화사로 시작하기 때문에, 각 행은 항상 보편 예화나 존재 예화로 도출되었다. 모순 증명은 위와 같이 진리 함수적 모순이 축적될 때 완료된다.

존재 예화의 각 과정에는 **새롭게 채택한 변항은 그때까지 사용된 적이 없어야 한다**는 중요한 규칙이 적용된다. 이 규칙이 없다면, '(∃x)Fx'에서 'Fy'를, '(∃x)~Fx'에서 '~Fy'를 도출하여 '(∃x)Fx'와 '(∃x)~Fx'가 서로 모순이라는 사실을 증명할 수 있을 것이다. 또는, '(∃x)Gxy'에서 'Gyy'를, '(x)~Gxx'에서 '~Gyy'를 도출해서 '(∃x)Gxy'와 '(x)~Gxx'가 서로 모순이라는 사실을 증명할 수도 있을 것이다. 하지만 사실 '(∃x)Fx'와 '(∃x)~Fx'는 분명히 서로 모순이 아니다. 'Fx'가 'x가 발레를 즐긴다'라면 두 도식 모두 참이다. 또한, '(∃x)Gxy'와 '(x)~Gxx'도 서로 모순이 아니다. 'Gxy'가 'x는 y와 다르다'라고 가정하면 알 수 있다.

모순 증명을 끝낸 모순은 언제나 앞의 예시 'Gyy'와 '~Gyy', 'Fy'와 '~Fy', 'Fzw'와 '~Fzw'처럼 명백하지는 않지만, 항상 진리 함수적이다. 즉, 모순 증명은 'p', 'q' 등

대신 'Fzw'와 같은 원자 도식이 포함된 진리 함수적 도식들의 모순으로 끝난다(또는 이런 진리 함수적 도식들이 결합한 논리곱 도식들의 모순으로 끝난다). 이런 모순을 증명하는 방법은 테마 25에서 이미 살펴보았다.

위의 (5)와 (6)처럼 두 개 이상의 양화 도식이 모순인지 증명할 때는 그 도식이 결합한 논리곱이 모순인지 증명한다. 또한, 겉으로는 논리곱이 아닌 도식 단 하나도 모순을 증명할 수 있다. 다음 예시를 살펴보자.

(9) $(\exists x)(y)(z)(Fxy \bullet \sim Fzx)$

모순 증명

(10) $(y)(z)(Fwy \bullet \sim Fzw)$ (9)

(11) $(z)(Fww \bullet \sim Fzw)$ (10)

$Fww \bullet \sim Fww$ (11)

이 방법은 (9)와 같이 도식 하나의 모순을 증명할 할 때든, 또는 (5)와 (6)과 같이 도식 두 개의 모순을 동시에 증명할 때든 전치형 도식에 적합하다. 그런데 테마 44에서 어떤 양화 도식이든 전치형으로 바꾸는 방법을 확인했다.

그러므로 이 모순 증명 방법은 보편적으로 사용될 수 있다.

이 방법은 함의를 증명하는 방법이기도 하다. '(∃x)(y)Fxy'가 '(y)(∃x)Fxy'를 함의한다(예를 들어서 만약 모든 사람을 사랑하는 어떤 사람이 있다면, 모든 사람은 어떤 사람 또는 다른 사람에게서 사랑받는다)는 사실을 증명하려면, (5)가 '~(y)(∃x)Fxy', 전치형으로 표현하자면 '(∃y)(x)~Fxy' 또는 문자를 바꿔서 쓴 (6)과 모순이라는 사실을 입증해야 할 것이다. 이 모순 증명은 이미 앞에서 완료했다.

모순 증명 방법은 타당성과 동치를 증명하는 데까지 확장해서 사용할 수 있다. 어느 도식은 그 도식의 부정 도식이 모순이어야 타당하며, 도식 한 쌍은 서로 함의할 때 동치이기 때문이다.

이 모순 증명 방법은 완벽하다는 사실이 입증될 수 있다. 이 방법으로 모순을 입증하지 못하는 모순인 양화 도식은 없으며, 따라서 이 방법으로 모순을 입증하지 못하는 모순인 양화 도식의 논리곱도 없다.* 하지만 이 방법은 검사나

---

* 쿠르트 괴델이 이 책과 다른 양화 이론 증명 방법을 논하면서 이 내용을 정립했다. 『논리 기능 미적분 공리의 완전함Die Vollständigkeit der Axiome des logischen Funktionenkalküls』, 『수학 물리학 월보Monatshefte für Mathematik und Physik』, XXXVII, 1930, pp.349-360. 괴델의 논증을 우

결정 절차가 아니다. 모순 증명은 오직 도식이 모순인지 판단할 뿐, 모순이 아니라고 판단하지 않기 때문이다. 주어진 도식이 모순이라는 사실을 증명하는 데 계속 실패하더라도, 그 도식이 모순이 아닌 것인지 혹은 그저 그 도식의 모순을 증명하는 방법을 찾지 못한 것인지는 대체로 알 수 없다. 진리 함수적 도식은 모순인지 아닌지 확실히 결정할 수 있는 절차가 있다(테마 25). 따라서 진리 함수적 도식은 모순인지 아닌지 언제나 확실히 답을 정할 수 있다. 하지만 양화 도식이 모순인지 모순이 아닌지 확정할 수 있는 방법은 아직 알려지지 않았을 뿐만 아니라 이론상 불가능하다.*

연습문제

---

1. 다음 도식이 서로 모순이라는 것을 증명하시오.

~(∃x)Fx / (x)Gx / ~(∃x)(~Fx • Gx)

리의 모순 증명 방법으로 채택할 수 있으며, 실제로 적용할 때는 간소화할 수도 있다. 『논리학 방법론』 부록을 참고하라.

* 알론조 처치Alonzo Church가 이 내용을 정립했다. 「「결정문제」에 관한 주A Note on the Entscheidungsproblem」, 『기호 논리학 저널Journal of Symbolic Logic』I, 1936, pp.40-41, pp.101-102.

2. 다음 도식이 서로 모순이라는 것을 증명하시오.

(x)(Fx • Gx) / ~((x)Fx ∨ ~(x)Gx)

3. 다음 도식이 모순이라는 것을 증명하시오.

(∃z)~(∃x)(Fxxz ∨ ~(y)Fxyz)

4. 위의 마지막 단락 내용을 고려해서 다음 도식이 동치라는 것을 증명하시오.

(x)(Fx • Gx) / (x)Fx • (x)Gx

5. 다음 도식이 동치라는 것을 증명하시오.

(∃x)(Fx ∨ Gx) / (∃x)Fx ∨ (∃x)Gx

6. 다음 도식의 관계에 대해 증명할 수 있는 사항을 증명하시오.

테마 46. 논리적 논증

타당한 진리 함수적 도식 또는 모순인 진리 함수적 도식의 실례가 되는 명제는 진리 함수적으로 참이거나 진리 함수적으로 거짓이다(테마 24-테마 25). 이제 더 일반적으로 말해서, 타당한 양화 도식 또는 모순인 양화 도식의 실례가 되는 명제는 **양화적으로** 참이거나 거짓이다. 테마 45(1)과 테마 45(2)가 결합한 논리곱은 양화적으로 거짓이다. 이와 유사하게, 동치인 양화 도식 한 쌍의 대응 실례인 명제 한 쌍은 양화적으로 동치라고 할 수 있다. 그리고 양화 도식 한 쌍에서 도식 하나가 다른 하나를 함의한다면, 그 양화 도식의 대응 실례인 명제 한 쌍에서 명제 하나는 다른 명제를 양화적으로 함의한다고 할 수 있다. 그러므로 앞선 테마에서 예문으로 들었던 명제 '모든 사람을 사랑하는 어떤 사람이 있다'는 명제 '모든 사람은 어떤 사람이나 다른 사람에게서 사랑받는다'를 양화적으로 함의한다는 사실을 알 수 있다.

논리적 참 그 자체는(이때 논리적 참은 서론에서 이야기했던 확정적 의미에서 가리키는 말이 아니다) 양화적 참과 같은 것으로 여길 수 있다. 논리적 참과 양화적 참을 동일한 것으로 간주하느냐 마느냐는 '논리적 표현'의 범주를 얼마나 넓게 설정하느냐의 문제이다. 만약 논리적 표현을 서론 앞부분에서 열거한 표현으로 한정한다면, 논리적 참은 양화적 참이고 논리적 동치는 양화적 동치이며 논리적 함의는 양화적 함의이다. 반면에 '='나 심지어 '∈'(테마 47-테마 48)처럼 서론에서 열거한 표현으로 바꿀 수 없는 표현을 논리적이라고 간주한다면, 양화적이지 않은 논리적 참과 동치와 함의가 존재하게 될 것이다.

어쨌거나, 가장 엄밀한 의미에서 논리학은 양화 이론이며, 가장 엄밀한 의미에서 논리적 연역은 양화 함의를 성립하는 것이다. 명제, 즉 전제가 하나 또는 그 이상 주어진다면 이 전제에서 결론이 논리적으로 도출된다고 주장할 수 있다. 그리고 이 주장을 입증하려면 그 전제 또는 전제들의 논리곱이 결론을 양화적으로 함의한다는 사실을 증명해야 한다. 이제까지 이 증명 방법을 확인했다. 증명 과정은 몇 가지 단계를 거친다. 먼저 전제와 논리적으로 도출된다고 입증하려는 결론을 양화, 논리곱, 논리합, 부정으로 바꿔서 표현해야 한다. 그다음, 전제와 결론의 부정을 전치형으로 전환한다(테마 44). 그러고 나서 보편 예화와 존재 예화로 도식을 변형시킨다. 이때 존재 예화에서는 항상 새로운 변항을 사용해야 한다는 사실을 주의해야 한다. 예화를 거친 후 도식에서 양화사가 사라진다면, 진리 함수적 모순이 축적되었는지 검사해서 함의가 성립하는지 확인한다.

다음 전제가 주어졌다고 가정하자.

(1) 경비원은 회사 구내로 들어오는 사람 중 회사 직원을 동반한 사람을 제외하고 모두를 수색했다.

(2) 피오레키오의 부하 중 어떤 사람은 어떤 다른 사람도 동반하지 않고 회사 구내로 들어갔다.

(3) 경비원이 피오레키오의 부하들은 아무도 수색하지 않았다.

그리고 다음 결론이 도출된다는 사실을 증명하고 싶다고 가정하자.

(4) 피오레키오의 부하 중 어떤 사람들은 회사의 직원이다.

우선 전제를 기호로 바꿔서 표현해야 한다(테마 38). (1)은 '~(∃x)(x가 회사 구내로 들어갔다 • ~x가 회사 직원 한 명을 동반했다 • ~경비원이 x를 수색했다)'이다. 그러므로 다음과 같이 표기할 수 있다.

(5) $\sim(\exists x)(Ex \cdot \sim(\exists y)(My \cdot Ayx) \cdot \sim Sx)$

이때 'Ex'는 'x가 회사 구내로 들어갔다', 'My'는 'y는 회사 직원이다', 'Ayx'는 'y가 x를 동반했다', 'Sx'는 '경비원이 x를 수색했다'의 축약형이다. 이 방식으로 (2)와 (3), (4)를 기호로 변환하면 다음과 같다.

(6) $(\exists x)(Fx \cdot Ex \cdot \sim(\exists y)(Ayx \cdot \sim Fy))$

(7) $\sim(\exists x)(Fx \cdot Sx)$

(8) $(\exists y)(Fy \cdot My)$

그리고 'Fx'는 'x는 피오레키오의 부하 중 한 명이다'의 축약형이다.

이제 테마 44(5)~테마 44(7)을 이용해서 (5)~(7)을 모두 전치형으로 바꾸어야 한다. 그 결과는 각각 다음과 같이 나타난다.

(9) $(x)(\exists y)\sim(Ex \cdot \sim(My \cdot Ayx) \cdot \sim Sx)$

(10) $(\exists x)(y)(Fx \cdot Ex \cdot \sim(Ayx \cdot \sim Fy))$

(11) $(x)\sim(Fx \cdot Sx)$

그리고 입증하려는 결론 (8)의 부정도 전치형으로 바꾸면 다음과 같다.

(12) $(y)\sim(Fy \cdot My)$

이제 예화를 시작하자.

(13) $(y)(Fw \cdot Ew \cdot \sim(Ayw \cdot \sim Fy))$ (10)

(14) $(\exists y)\sim(Ew \cdot \sim(My \cdot Ayw) \cdot \sim Sw)$ (9)

(15) $\sim(Ew \cdot \sim(Mz \cdot Azw) \cdot \sim Sw)$ (14)

(16) $Fw \cdot Ew \cdot \sim(Azw \cdot \sim Fz)$ (13)

$(17) \sim(Fw \bullet Sw)$ (11)

$(18) \sim(Fz \bullet Mz)$ (12)

(15)에서 (18)까지가 서로 모순이므로 이 단계에서 증명을 끝내면 된다. 이 증명을 검사하는 일반적 방법은 (15), (16), (17)의 논리곱을 논리합 정규 도식 형태로 바꾸는 것이다(테마 25). 테마 20(5)를 이용해서 (15), (16), (17)의 논리곱을 단순화하는 네 단계를 거치면 다음 논리곱으로 축소할 수 있다.

$$Mz \bullet Azw \bullet Fw \bullet Ew \bullet Fz \bullet \sim Sw$$

이 논리곱은 확실히 (18)과 모순이다.

연습문제

---

1. 이 테마에서 다룬 방법을 사용해서 다음 양화적 함의가 옳다는 사실을 증명하시오.

모든 마을 사람이 재스퍼를 존경한다. 마을 사람 중 누구도 재스퍼를 두려워하지 않거나, 또는 재스퍼를 두려워하는 어떤 사람이 그를 존경한다.

시험에서 낙제한 사람은 모두 게으르지만, 어떤 학생들은 똑똑하지도 않고 게으르지도 않다. 똑똑하지 않은 어떤 학생들은 게으르지 않다.

뇌물을 받는 경찰은 아무도 없다. 뇌물을 받는 정직한 경찰은 아무도 없다.

회비를 내지 않은 사람은 아무도 『회보』를 받을 수 없고, 모임의 회원이 아닌 사람은 아무도 회비를 내지 않는다. 모임의 회원이 아닌 사람은 아무도 『회보』를 받을 수 없다.

---

2. 위와 똑같은 방법을 사용하여 '원은 도형이다'에서 '원을 그리는 사람은 누구든 도형을 그린다'가 도출된다는 사실을 논증하시오. (17세기에 융기누스 Joachim Jungius는 이 문제를 삼단논법으로 접근할 수 없는 추론의 예시로 들었다.)

---

3. 다음 전제에서 결론 '어떤 리프족 사람들은 금발이다'가 도출된다는 사실을 논증하시오.

헥터는 리프족 사람을 제외하고 어떤 원주민에게서도 아무것도 사지 않는다.

헥터는 금발 원주민 한 명에게서 페즈 모자를 하나 샀다.

4. 다음 전제에서 3번과 같은 결론을 도출해보시오.

영국인은 리프족 사람을 제외하고 어떤 원주민에게서도 아무것도 사지 않는다.

영국인 관광객 한 명이 금발 원주민 한 명에게서 페즈 모자를 하나 샀다.

---

5. 다음 전제에서 결론 '이번 주 이전에 피고 중 아무도 문으로 들어가지 않았다'가 도출된다는 사실을 논증하시오.

수위는 문으로 들어가는 모든 사람을 본다.

수위는 이번 주 이전에 피고 중 어떤 사람도 한 번도 본 적이 없었다.

힌트 두 번째 전제와 결론에서 시제가 강조되어 있으므로 첫 번째 전제를 기호로 변환할 때도 시제의 의미를 명시적으로 나타내는 것이 나을 것이다. 물론, 첫 번째 전제는 수위가 사람들이 문으로 들어갈 때 그 사람들을 모두 본다는 뜻이다.

테마 47. 동일성과 단칭명사

(1) 톰이 새디와 결혼했다.

이제까지는 위의 (1)에서 '어떤 사람이 새디와 결혼했다'를 도출하는 간단한 종류의 추론을 명시적으로 언급하지 않았다. '어떤 사람이 새디와 결혼했다'를 기호로 변환하면 다음과 같다.

(2) (∃x) x가 새디와 결혼했다

이런 추론은 자유 변항이 이름의 역할을 대신하도록 해서 양화적 함의에 포함할 수 있다. (1)과 (2)는 'Fz'와 '(∃x)Fx'로 나타낼 수 있다. 'Fz'와 '~(∃x)Fx'가 모순이라면 'Fz'는 '(∃x)Fx'를 함의한다는 뜻일 것이다. 모순 증명은 다음과 같다.

Fz
(x)~Fx
~Fz

위의 예시에서 '톰'과 같은 방식으로 '새디'라는 이름을 제거할 수는 없다. '새디와 결혼했다'는 논증 과정 전체에서 함께 고정되어 있기 때문이다.

자유 변항으로 이름을 대신하려면 그 이름이 변항의 범위에 포함된 대상의 이름이어야만 한다. 그러므로 '톰'은 (2)에서 양화 변항의 범위에 포함되어야 한다. '톰'은 (2)에서 유의미한 값을 지니기 때문이다. 이처럼 그 이름을 지닌 대상이 존재하며 그 대상은 변항의 범위 안에 존재한다는 가정은 논증에 추가된 전제가 아니라, 논증을 진술하기 전에 자유 변항으로서의 그 이름을 바꿔 쓰는 과정에 내포된 가정으로 보아야 한다.

이름은 단칭명사(singular term, 單稱名辭)이다. 하지만 모든 단칭명사가 이름, 좁은 의미에서의 이름은 아니다. '새디의 남편'이나 '블러프턴의 코치', '5 + 6'처럼 복합적인 단칭명사도 있다. 이 모든 단칭명사를 쉽게 사용할 수 있는 일반적 형식은 **단칭 기술**(singular description) 형식, 즉 'Fx인 대상 x'이며 간략하게 기호로 나타내면 '(ιx)Fx'이다. 논리적 추론에서 사용되는 단칭 기술이 단순한 이름과 대조되는 점은 단칭 기술은 내부에 논리적 구조가 있다는 것을 보여준다는 것이다. 만약 단순히 '블러프턴의 코치가 새디와 결혼했다'에서 (2)를 연역하려고만 한다면, '톰' 대신 'z'를 사용했듯이 마찬가지로 '블러프턴의 코치' 대신 'z'를 쓸 수 있다. 하지만 '어느 코치 한 명이 새디와 결혼했다'를 연역하려고 한다면, '블러프턴의 코치' 내부 구조를 활용해야 한다. 일반적으로, 'z'가 '(ιx)Fx'를 가리키는 대상으로 사용된다면 우리는 여러 대상 중에서 Fz, 즉 블러프턴에서 코치 일을 맡은 남자가 블러프턴에서 코치 일을 맡았다고 분명하게 밝힐 수 있기를 바랄 것이다.

유일성이라는 문제도 고려해야 한다. 우리가 '(ιx)Fx', 즉 'Fx인 대상 x'라는 표현을 사용할 때는 대체로 Fx인 대상 x는 단 하나뿐이라고 판단할 때다. 물론, 'Fx'라는 조건에 해당하는 내용은 실제로 대부분 생략된다. 그러므로 우리가 '경비원'이라고 말할 때, 아마 그 사람은 '1911년 부활절 아침에 아르고스 사옥에서 경비를 보던 남자'를 가리킬 것이다. 그리고 우리가 'Fx인 대상 x'라는 표현을 사용했다는 사실은 경비원인 대상 x가 아무리 많다고 하더라도 우리가 가리키는 대상은 단 하나뿐이라고 믿는다는 것을 보여준다. 이런 종류의 생략은 테마 2에서 언급한 생략과 같다. 이런 생략이 'Fx'의 일부로서 채워진다고 가정한다면, 'z'가 '(ιx)Fx'를 가리킨다고 분명하게 밝히기 위해 일반적으로 필요한 유일성 조건은 다음과 같다.

(3) $\sim(\exists x)(Fx \bullet \sim(x = z))$

다시 말해, Fx에서 z 외에는 아무것도 x가 아니다. (3)과 'Fz'는 전제이며, 양화 논증에서 'z'가 '(ɩx)Fx'를 가리키게 할 때 편의상 이 두 전제가 이미 암시적으로 채택되었다고 간주한다. 이런 전제를 **기술 전제**(description premise)라고 하겠다. '(ɩx)Fx'가 포함된 전제들로부터 주어진 결론이 도출된다는 사실을 입증하려면, 먼저 전제의 '(ɩx)Fx'와 결론에 새로운 자유 변항, 이를테면 'z'를 대신 사용하고 이후 수정된 전제와 기술 전제 (3)과 'Fz'가 수정된 결론을 함의하는지 증명하면 된다.

단칭 기술을 처리하는 이 방법 때문에 기술은 형식적 논증과 관련되지 않는다. 이 기술에는 오직 자유 변항 'z'만 나타나기 때문이다. 기술 표기 '(ɩx)Fx'는 우리가 기술 전제 (3)과 'Fz'를 인식하도록 유도하는 기능을 제외하면 아무런 형식적 기능도 없다. 그런데 '(ɩx)Fx' 외에 다른 새로운 것이 형식에 추가되었다. 바로 (3)에서 사용된 **동일성**(identity) 기호 '='이다. 일반적으로 (3)과 'Fz'를 포함하는 주어진 전제에서 결론이 도출된다는 사실을 입증할 때는 양화 이론만을 단독으로 사용하지 않는다. (3)을 활용하려면 **동일성 공리**(axioms of identity)를 적용해야만 한다.

동일성 공리 중 하나는 '(x)(x = x)'이다. 나머지 공리는 '~(x = y • Gx • ~Gy)'에서 'G'를 치환하여 얻을 수 있는 문장과 도식의 보편 폐쇄이다. 만약 '='를 논리적 표현으로 간주한다면 이런 문장은 논리적으로 참이지만, 양화적으로 참은 아니다. 따라서 단칭 기술을 포함하는 논증에서 이런 문장은 논리적 함의를 성립하지만 양화적 함의는 성립하지 못한다.

동일성 이론은 단칭 기술뿐만 아니라 기본적인 논리 추론에서도 사용된다. (1)과 '새디는 오직 톰만 사랑했다'에서 다음 결론이 도출되는 과정을 논증한다고 가정해보자.

(4) ~(∃x)(새디가 x를 사랑했다 • ~x가 새디와 결혼했다)

'톰' 대신 'z'를 써서 '새디는 오직 톰만 사랑했다'를 기호로 변환하면 다음과 같다.

(5) ~(∃x)(새디가 x를 사랑했다 • ~(z = x))

이제 결론인 (4)의 부정이 (5)와 'z가 새디와 결혼했다'와 모순이라는 사실을 증명하면 된다. (4)의 부정은 다음과 같이 나타난다.

(6) (∃x)(새디가 x를 사랑했다 • ~x가 새디와 결혼했다)

독자 여러분은 (5), (6), 'z가 새디와 결혼했다'에 동일성 공리 중 하나를 보충하는 경우에만 테마 46에서 설명한 방법을 사용해서 모순을 증명할 수 있다는 사실을 파악했을 것이다. 보충해야 하는 동일성 공리는 다음과 같다.

(x)(y)~(x = y • x가 새디와 결혼했다 • ~y가 새디와 결혼했다)

연습문제

---

1. 위의 마지막 문단에서 모순 증명을 완성하시오.

---

2. 다음 두 문장은 전제이다.

어제 여기에 있었던 평가인이 우리 매니저를 이겼다.

우리 매니저를 이기는 어떤 사람이든 빈틈이 없다.

이 두 가지의 전제와 하나의 기술 전제에서 다음의 결론을 도출해보시오.

어떤 평가인들은 빈틈이 없다.

---

3. 전제 '바는 계산원을 질투한다', '아무도 자기 자신을 질투하지 않는다'와 동일성 공리로서 '~(x = y • x가 z를 질투한다 • ~y가 z를 질투한다)'의 폐쇄를 이용하여 결론 '바는 계산원이 아니다'를 도출해보시오.

테마 48. 속성

우리가 '사람들이 많다'라고 말할 때는 모든 사람이 많다는 뜻도, 어떤 사람이 많다는 뜻도 아니다. 많이 있는 대상은 특정한 추상적 존재, 사람이라는 류(class)이다. 그리고 우리가 '사람은 동물 종이다'라고 말할 때는 이 추상적 존재, 즉 사람이라는 류가 동물 종이라는 뜻이다. 또한, 우리가 '예수 그리스도의 사도는 열두 명이다'라고 말할 때는 추상적 존재, 즉 예수 그리스도의 사도라는 류가 열두 명이라는 뜻이다. 사도 하나는 열두 명이 아니다. 각 사도는 이 추상적 존재, 사도라는 류의 구성원(member)이며, 각 사람은 사람이라는 류의 구성원이라고 할 수 있다. 이를 기호로 나타낼 때는 '$x \in y$'라는 표기 형태를 사용한다. 그러므로 '베드로∈사도라는 류'와 '베드로∈사람이라는 류'로 나타낼 수 있다.

류의 구성원을 다루는 수학은 보통 **집합론**(set theory)이라고 불린다. 그런데 집합론에는 류의 존재와 관련된 문제가 있다. 어떤 열린 문장이 'Fx'의 역할로 주어지면, 우리는 '$(x)(x \in z \equiv Fx)$'인 z라는 류가 존재할 것이라고 기대한다. 하지만 이런 기대는 충족될 수 없다. 예를 들어서 'Fx'가 '$\sim(x \in x)$'라면, '$(x)(x \in z \equiv \sim(x \in x))$'는 **러셀의 역설**(Russell's paradox)*에 빠지게 된다. '$(x)(x \in z \equiv \sim(x \in x))$'는 보편 예화에 의해 모순인 문장 '$z \in z \equiv \sim(z \in z)$'를 함의하

* 영국의 수학자 버트런드 러셀Bertrand Russell이 1901년에 발견한 집합론의 역설이다. 내용은 다음과 같다. 자기 자신에 속하지 않는 집합, 즉 자기 자신의 원소가 되지 않는 집합들의 집합 Z가 있다고 가정하고 'Z는 자기 자신에 속하는가, 또는 속하지 않는가?'라고 질문할 수 있다. 만약 Z가 Z에 속하지 않는다면, Z의 정의에 따라 Z는 자기 자신에 속한다. 반면에 Z가 Z에 속한다면, Z의 정의에 따라 Z는 자기 자신에 속하지 않는다. 따라서 어느 경우든 모순에 도달한다.

기 때문이다.

집합론의 근본 문제는 어떤 문장이 'Fx' 역할을 맡아 z라는 류를 상정할지 결정하는 것이 된다. 앞서 보았듯이, 어떤 문장은 명백하게 포기해야 한다. 하지만 나머지 문장의 경우, 어떤 문장이 불가능하다면 다른 문장은 가능할 수도 있다. 이런 면에서 이 작업은 매력적인 조합을 찾는 문제이며, 이 때문에 서로 다른 집합 이론이 급증했다.

소박한 류 존재 법칙(the naïve law of class existence)의 설득력과 간결성 일부를 회복하는 방법 한 가지는 일부 류를 **최고류**(ultimate class), 즉 더 이상 다른 류에 속하지 않는 류와 같다고 제한적으로 인정하는 것이다. 그렇다면 '집합(set)'이라는 단어는 최고류가 아닌 류에만 적용할 수 있다. 폰 노이만John von Neumann 덕분에*, 최고류라는 개념을 활용하면 다음의 제한적인 형식으로 일관되게 소박한 류 존재 법칙을 부활시킬 수 있다. x에 관해 어떤 조건이 주어질

---

* 존 폰 노이만, 『집합론의 공리화Eine Axiomatisierung der Mengenlehre』, 『순수 · 응용 수학 저널Journal für reine und angewandte Mathematik』, CLIV, 1925, pp.219-249. 집합론의 다양한 체계를 더 살펴보고 싶다면 나의 『집합론과 그 논리Set Theory and Its Logic』, 케임브리지, 하버드대학교 출판부, 1963.의 3장을 참고할 것.

때, z라는 류(그런데 이 z가 최고류일 수도 있다)가 분명히 존재한다. 그리고 z에 속하는 구성원은 모두, 그리고 오로지 주어진 조건을 만족하는 x라는 **집합**들이다. 그렇다면 '어떤 류가 존재하는가'라는 문제는 '어떤 류들이 집합들이 되어야 하는가'라는 문제로 축소될 수 있다. 이번에도 선택지가 많을 것이다.

류의 존재 문제 외에도, '소속(membership)' 개념의 정의가 대단히 많다는 사실도 주목할 만하다. 수많은 정의 중 최소한의 정의를 먼저 살펴보자. 'x = y'가 있을 때, 이 식을 정의하는 방법 두 가지는 식 그 자체가 암시한다. 첫 번째 방법은 테마 21에서 언급했던 기호 '≡'를 빌려서 표현하는 방법으로 다음과 같다.

(1) $(w)(w \in x \equiv w \in y)$

즉, x와 y의 구성원이 서로 같다는 뜻이다. 다른 방법은 다음과 같다.

(2) $\sim(\exists z)(x \in z \bullet \sim(y \in z))$

즉, 만약 x가 속한 모든 류 z에 y가 속한다면, y는 특히 x가 유일한 구성원인 류에 속한다는 뜻이다. 그런데 x와 y가 류가 아닐 경우, (1)은 확실히 'x = y'를 정확하게 표현하지 못한다. 그리고 x가 최고류일 경우, (2) 역시 'x = y'를 정확하게 표현하지 못한다. 그렇다면 'x = y'를 (1)과 (2)의 논리곱으로 정의해서 문제를 해결할 수 있을 것이다.

'소속' 개념을 훨씬 더 많이 이용할 수도 있다. '소속' 개념은 부정, 논리곱, 양화와 결합해서 산수와 대수, 미분, 적분 또는 다른 수학 파생 분과의 어떤 개념이라도 수행할 수 있는 목적을 모두 똑같이 수행할 수 있다. 어떤 수학 분과의 어떤 정리든, 예를 들어서 '5 + 11 = 16', '~(∃x)(x는 숫자다 • x ≠ x + 0)', '~(∃x)(∃y)(x는 숫자다 • y는 숫자다 • x + y ≠ y + x)' 모두 부정, 논리곱, 양화를 사용해서 열린 문장 'x∈y', 'x∈z', 'y∈z' 등으로 전체를 구성한 명제로 변환할 수 있다(그 결과는 틀림없이 매우 길 것이다).*

유명한 괴델의 정리**에 따르면, 어떤 증명 절차도 정

---

* 『수리 논리학』, 3~6장 참고.

** 괴델의 불완전성 정리(Gödel's incompleteness theorems)를 가리킨다. 수리 논리학에서 페아노 공리계를 포함하여 모든 무모순적 공리계는 참인 일부 명제를 증명할 수 없고, 그 자신의 무모순성을 증명할 수 없다는

수론에서 거짓을 제외하고 참을 모두 포함할 수 없다.* 집합론에서 정수론을 표현할 수 있으므로, 집합론에서 완벽한 체계를 구성할 가능성은 없다. 그 결과, 심지어 류의 존재나 집합성(sethood)의 전제를 구성하는 집합론의 특수 분야조차 완벽하게 만들 수 없다는 사실을 쉽게 입증할 수 있다.** 그러므로 소박한 류 존재 법칙에서 예외를 정말로 최소화할 수는 없다. 두드러지는 문제나 불편한 사항을 최소화하고, 류 존재 공리에서 설득력과 간결성을 갖춘 매력적인 조합을 찾으려고 시도할 수 있을 뿐이다.

수학을 대체로 논리학으로 환원할 수 있다고 판단하는 사람들은 '∈'를 논리학의 어휘 목록에 포함하며 집합론을 논리학이라고 여긴다. 논리학의 'Fx'를 집합론의 'x∈z'와 혼동하기 때문에 이런 경향이 확대되었다. 하지만 엄밀하게 고려해보면, 'F' 그 자체는 류나 자질, 또는 그 어떤 것이

내용이다.

* 쿠르트 괴델,『수학 원리』 및 관련 체계에서 형식적으로 결정될 수 없는 명제에 관하여Über formal unentscheidbare Sätze der Principia Mathematica und verwandter Systeme』,『수학 물리학 월보』XXXVIII, 1931, pp.173-198.

** 내가 쓴『원소와 수Element and number』,『기호 논리학 저널』VI, 1941. pp.135-149.에서 p.140을 참고할 것

라도 가리키는 양화 가능 변항이 아니다. 류의 양화가 어떤 결과를 낳는지 숙고해본다면, 도식 술어 문자 'F'와 양화 가능 류 변항 'z'의 차이가 얼마나 중요한지 충분히 깨달을 수 있다. 그렇다면 'Fx'로 나타낼 수 있는 일부 열린 문장이 'x∈z'로는 나타낼 수 없다는 사실을 인정할 수밖에 없다. 그렇지 않으면 역설에 빠질 것이다.

엄밀한 의미의 논리학이 완전 증명 절차를 통해 다루어진 것과 달리, 류의 양화는 제약을 받는다고 하더라도 지나치게 포괄적이어서 모두 다룰 수 없는 담론을 계속 양산해냈다. 또한, 존재론적 차이도 있다. 류의 양화로 표현한 명제의 참은 특수한 대상들(류들)의 존재에 달려 있을 수 있지만, 엄밀한 의미에서 논리적 참은 어떤 대상의 종류 하나를 다른 종류와 대립하는 것으로 다루지 않는다.

수학이 대체로 논리학으로 축소되었다는 견해는 수학에서 어떤 것이 새롭게 수학의 토대로 확고해졌다는 사실을 암시한다. 하지만 이런 견해는 잘못되었다. 집합론은 집합론에 기반을 둔 고전 수학의 상부구조보다 덜 안정적이고 덜 확정적이다. 집합론의 불확정성은 그 자체로 집합론을 수학의 논리 외적 분야로 간주할 좋은 이유가 된다. 논리학이라는 명칭이 함축하듯 최선의 의미에서, 그리고 가장 좁은 의미에서 논리학은 확고하며 신뢰할 수 있다. 현실이 이러하므로, 참 대부분이 전적으로 최선의 그리고 좁은 의미의 논리학 내부에 집합론의 기반을 허용하리라고 기대할 수 없다.

하버드 논리학 수업

논리적 사고와 추리논증의 기초

초판 발행 2020년 1월 10일
1판 5쇄 2024년 7월 31일

발행처 유엑스리뷰
발행인 현호영
지은이 윌러드 밴 오먼 콰인
옮긴이 성소희
이메일 uxreviewkorea@gmail.com

ISBN 979-11-88314-38-6

ELEMENTARY LOGIC
by Willard Van Orman Quine

Copyright © 1941, 1965, 1980 by Willard Van Orman Quine
All rights reserved

This Korean edition was published by UX REVIEW in 2020 by arrangement with Harvard University Press through KCC(Korea Copyright Center Inc.), Seoul.

이 책은 (주)한국저작권센터(KCC)를 통한 저작권자와의 독점계약으로 유엑스리뷰에서 출간되었습니다. 저작권법에 의해 한국 내에서 보호를 받는 저작물이므로 무단전재와 복제를 금합니다.

낙장 및 파본은 구매처에서 교환하여 드립니다.
구입 철회는 구매처의 규정에 따라 교환 및 환불처리가 됩니다.